Contraste insuffisant
NF Z 43-120-14

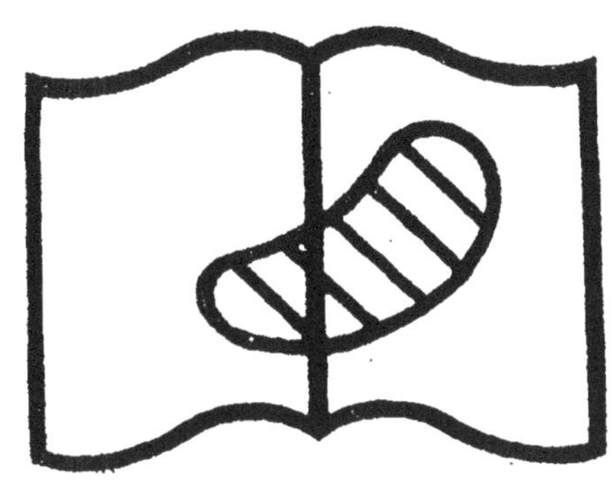

Illisibilité partielle

VALABLE POUR TOUT OU PARTIE DU
DOCUMENT REPRODUIT.

Couvertures supérieure et inférieure
en couleur

LES ENSEIGNEMENTS

DE SAINT LOUIS A SON FILS.

RÉPONSE A M. NATALIS DE WAILLY

ET OBSERVATIONS POUR SERVIR A L'HISTOIRE CRITIQUE

DES GRANDES CHRONIQUES DE FRANCE

ET DU TEXTE DE JOINVILLE,

PAR

Paul VIOLLET

Extrait de la *Bibliothèque de l'École des chartes*,

TOME XXXV

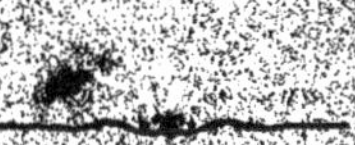

PARIS

A. DURAND ET PEDONE LAURIEL,

LIBRAIRES, 9, RUE CUJAS.

1874

Nogent-le-Rotrou, imprimerie de A. Gouverneur.

LES ENSEIGNEMENTS

DE SAINT LOUIS A SON FILS

Extrait de la *Bibliothèque de l'École des chartes*,

TOME XXXV

LES ENSEIGNEMENTS

DE SAINT LOUIS A SON FILS.

RÉPONSE A M. NATALIS DE WAILLY

ET OBSERVATIONS POUR SERVIR A L'HISTOIRE CRITIQUE

DES GRANDES CHRONIQUES DE FRANCE

ET DU TEXTE DE JOINVILLE,

PAR

PAUL VIOLLET

PARIS

PÉDONE LAURIEL,

RUE CUJAS, 7

1874

LES ENSEIGNEMENTS
DE SAINT LOUIS A SON FILS.

RÉPONSE A M. NATALIS DE WAILLY

ET OBSERVATIONS POUR SERVIR A L'HISTOIRE CRITIQUE
DES GRANDES CHRONIQUES DE FRANCE
ET DU TEXTE DE JOINVILLE[1].

PRÉAMBULE.

Les instructions de saint Louis à son fils nous ont été transmises par divers chroniqueurs, mais avec des différences très-sensibles : la critique s'efforce aujourd'hui de reconstituer un texte aussi conforme que possible à l'original depuis longtemps perdu : cette restitution mettra à la disposition de l'historien un monument important pour l'appréciation du caractère de saint Louis.

En 1869, j'ai examiné moi-même les divers textes des *Ensei-*

[1]. Grâce à la courtoisie de M. Natalis de Wailly, ce travail a été lu, pendant l'été de 1873, devant l'Académie des inscriptions et belles-lettres à laquelle avait été communiquée précédemment l'étude de M. de Wailly intitulée : *Joinville et les enseignements de saint Louis à son fils.* Je dois remercia· ici l'Académie de m'avoir admis à développer une thèse contraire à celle de M. Natalis de Wailly ; honneur périlleux dont je voudrais ne m'être pas montré trop indigne.

Au moment de publier cet essai, j'y fais de légers changements : quelques-unes de ces modifications m'ont été suggérées par les observations sommaires de M. de Wailly. Toute discussion avec cet éminent critique m'inspire le désir de donner à ma pensée une rigueur, une exactitude, une précision plus grande ; car dans l'adversaire je ne cesse pas un instant de sentir le maître.

gnements et j'ai cru devoir signaler comme très-suspectes plusieurs phrases qui sont attribuées à saint Louis par Joinville et par les Grandes Chroniques de Saint-Denis. Dans un mémoire trop bienveillant pour moi, M. de Wailly a étudié tout récemment la même question et s'est prononcé pour l'authenticité des passages que j'avais contestés : il me paraît difficile d'accepter les conclusions de ce maître éminent et je prends la liberté d'exposer les motifs qui m'empêchent de me rallier à son sentiment.

Je résumerai dans un premier chapitre les considérations qui, à mon sens, dominent le problème et fournissent à elles seules une conclusion : cette discussion sera suivie de quelques observations qui m'ont semblé utiles, mais que je ne crois pas indispensables : elles formeront la matière du second et du troisième chapitre. Dans cette partie supplémentaire, je signalerai une rédaction des Chroniques de Saint-Denis antérieure pour le règne de saint Louis à la rédaction du manuscrit de Sainte-Geneviève, et je comparerai avec le texte des Chroniques de Saint-Denis divers fragments de Joinville. Cette excursion dans le domaine de l'histoire des sources me ramènera, en finissant, au texte des enseignements de saint Louis et me permettra d'en aborder la critique sous une forme nouvelle.

I. — CONSIDÉRATION ESSENTIELLE. PREUVE DES INTERPOLATIONS.

M. de Wailly répartit en trois grandes familles les divers textes des enseignements de saint Louis à son fils; je résume ci-après le classement de M. de Wailly.

Première famille. Cette famille comprend tous les grands textes. Ces grands textes dérivent de celui qui figura au procès de canonisation. Ce que saint Louis avait écrit en français fut traduit, pour cette circonstance, en latin (nous possédons cette traduction latine); les textes français de la même famille ne sont que des traductions du latin.

Les textes de cette première famille, quoique très-developpés, sont incomplets : il faut les compléter à l'aide des passages contenus dans les textes de la troisième famille dont il sera parlé ci-après.

Deuxième famille. Cette famille a deux types primitifs l'abrégé latin de Beaulieu, l'abrégé français placé à la suite de Beaulieu et dû au même Beaulieu.

Troisième famille. Elle est représentée par un texte unique, celui des Grandes Chroniques de Saint-Denis (Manuscrit de Sainte-Geneviève). Ce texte est abrégé, mais c'est un abrégé distinct des abrégés de la seconde famille et ne remontant pas à la même source.

Ce texte de la troisième famille contient les passages incriminés, et ce sont précisément ces passages dont M. de Wailly se sert pour compléter les textes de la première famille.

Un quatrième texte, celui de Joinville, est d'une nature mixte: il dérive tout à la fois de la seconde et de la troisième famille.

Avant de critiquer cette classification, j'exprime un doute sur la question de savoir si elle autorise la thèse de M. de Wailly. Sur trois familles de textes, une seule lui fournit les passages litigieux et les deux familles qui ne les contiennent pas (la première et la seconde) sont éminemment respectables en raison de leur origine : ne serait-il pas prudent de recueillir ces fragments à titre de variantes douteuses au lieu de les faire pénétrer dans le texte des enseignements de saint Louis? Mais je n'insiste pas en ce moment sur cette considération : j'ai voulu seulement l'indiquer et je me hâte d'arriver au cœur du débat.

Pour que la discussion à laquelle je vais me livrer soit parfaitement claire, je dois tout d'abord faire connaître les points communs et incontestés. Nous reconnaissons de part et d'autre :

1° Une famille de grands textes que j'ai appelée tout à l'heure *première famille.* Nous pouvons différer d'avis sur la question de savoir si les textes français de cette famille sont ou non traduits du latin; mais nous groupons l'un et l'autre ces grands textes en une même famille : dans mon premier essai, j'ai assigné à cette famille les lettres A et B.

2° Une famille de textes abrégés remontant à Geoffroy de Beaulieu : j'ai appelé, en 1869, les divers textes de cette famille C 1, C 2, C 3, C 4, et j'ai tout à l'heure mentionné ce groupe sous le nom de *Deuxième famille.* Nous différons d'avis sur la valeur relative de ces deux familles, car M. de Wailly croit pouvoir corriger le texte à l'aide de la seconde famille quand elle contredit la première; ce que je ne ferais pas. Mais nous reconnaissons l'un et l'autre ces deux groupes distincts : 1° textes A B ; 2° textes C 1, C 2, C 3, C 4.

Tel est le fond commun entre nous. Voici maintenant le point essentiel du débat : M. de Wailly reconnaît l'existence d'une troi-

même famille (C 6 dans mon énumération de 1869) ; à mon sens, cette famille n'a pas d'existence propre, et C 6 se rattache étroitement aux textes de la seconde famille.

L'intérêt de cette question est capital. Si C 6 dérive de Beaulieu, il ne peut légitimement rien contenir de plus que ce que contient Beaulieu. Mais, en fait, C 6 contient les passages litigieux qui manquent dans Beaulieu : ces passages seraient donc condamnés et leur caractère apocryphe serait reconnu par le seul fait que la parenté de C 6 avec Beaulieu serait démontrée.

Or, on peut prouver que C 6 dérive des manuscrits de la seconde famille, c'est-à-dire de Beaulieu; et voici comment : si on examine un des grands textes [1] et si on le compare avec les abrégés, on s'aperçoit immédiatement qu'il contient un nombre considérable de pensées, de mots qui manquent dans tous les abrégés, y compris C 6, preuve certaine que C 6 n'a pas, comme le pense M. de Wailly, une origine distincte. Admettra-t-on, en effet, que deux abréviateurs différents aient pu se rencontrer, je ne dis pas une fois, deux, trois ou quatre fois, mais dix fois, mais vingt fois et plus encore, pour supprimer les mêmes passages ? Il tombe sous le sens que deux personnes, travaillant séparément, n'ont pu traiter notre texte original d'une manière identique dans les 22 cas suivants [2] :

1° § 1. La suscription ainsi conçue : « *Suo caro primogenito Philippo salutem et dilectionem paternam* » manque dans tous les textes abrégés.

2° § 2. Ce paragraphe est ainsi conçu : « *Care fili, quia ego desidero toto corde quod tu sis bene doctus in omnibus, penso quod tibi aliquod documentum faciam per hoc scriptum. Ego enim audivi aliquociens te dicentem quod plus a me quam ab alio retineres.* »

Ce paragraphe tout entier manque dans les textes abrégés.

---

1. Pour éviter toute discussion secondaire inutile au débat, je choisis le texte latin dont M. de Wailly a donné lui-même une édition critique. Ce texte figure dans une compilation historique rédigée par le moine Yves (de St-Denis) et offerte en 1317 à Philippe le Long par l'abbé Gilles de Pontoise. Voy. Delisle, *Notice sur un recueil historique présenté à Philippe le Long par Gilles de Pontoise, abbé de St-Denis.*

2. Je cite les paragraphes d'après le numérotage de M. de Wailly, numérotage qui ne pourrait, bien entendu, subsister dans une édition conçue sur des bases différentes.

3° § 3. Le paragraphe 3 est ainsi conçu : « Propter hoc, care fili, doceo te primo quod tu diligas Deum ex toto corde tuo *et de toto posse tuo, etc.* »

Les mots « *et de toto posse tuo* » ne sont représentés dans aucun texte abrégé.

4° § 5. Saint Louis donne à son fils le conseil de se soumettre aux adversités que Dieu nous envoie, et même de l'en remercier et de lui en savoir gré.

Il ajoute : « Et similiter debes pensare quod bene meruisti *et hoc, et plus si ipse vellet.* »

Les mots « *et hoc, et plus si ipse vellet* » ne sont représentés dans aucun texte abrégé.

5° § 6. « Si Dominus Noster mittat tibi aliquam prosperitatem, *vel corporeæ sanitatis, vel aliam,* etc. »

Les mots soulignés ne sont représentés dans aucun texte abrégé.

6° § 7. « Care fili, *doceo te* quod tu assuescas confiteri frequenter, et quod tu semper eligas tales confessores qui sint sanctæ vitæ, *sufficientis litteraturæ.* »

Les mots soulignés ne sont représentés dans aucun texte abrégé : je pourrais répéter à plusieurs reprises cette observation à propos du *doceo te* qui revient souvent dans le grand texte. Je la fais ici une fois pour toutes.

7° § 11. « Si habes aliquam turbationem cordis, *siquidem sit talis quod tu dicere eam possis,* dic, etc. »

Les mots soulignés ne sont représentés dans aucun des textes abrégés.

8° § 16. Ces mots du § 16 ne sont représentés dans aucun abrégé : « *Si vero esset clericus, vel ita magnæ persona quod tu justiciare non deberes, eamdem faceres dici illi qui eum justiciare valeret.* »

9° § 18. Les premiers mots de ce paragraphe ne sont représentés dans aucun texte abrégé : « *Care fili, si contingat quod tu venias ad regnum, provideas quod tu habeas ea quæ pertinent ad regem, hoc est dicere quod.* »

10° § 18. Même omission en ce qui concerne les mots soulignés ci-dessous du même paragraphe : « Non declines a justitia *pro aliquo quod valeat evenire,* etc. »

11° § 19. Ce paragraphe est appauvri uniformément dans tous les textes abrégés des mots soulignés ci-après : « Et si contingat contra te aliquem habere querelam, sustine querelam extranei *coram consilio tuo, ut non ostendas te nimis diligere querelam tuam.* »

12° § 20. « *Quantumcumque res sit magna vel in terra, vel in pecunia, vel in alio.* » Ces mots manquent dans tous les abrégés.

13° § 27. « *Et si fieret tibi injuria, tentes plures vias ad sciendum si posses invenire viam per quam posses recuperare jus tuum antequam faceres guerram; et habeas intentionem quod hoc sit ad vitandum peccata quæ fiunt in guerra.* » Cette pensée manque dans tous les abrégés.

14° § 30. « Fac frequenter provideri quod ipsi faciant bene justitiam, *et quod non faciant injuriam alicui, nec aliquid quod non debeant.* » Les mots soulignés n'ont d'équivalent dans aucun texte abrégé.

15° § 30. « *Et qvamvis tu debeas odire omne malum in alio, plus debes odire malum quod veniret ab illis qui a te potestatem haberent quam aliorum, et plus debes custodire et defendere ne contingat.* » Cette pensée manque dans tous les abrégés.

16° § 32. « *Care fili, da libenter potestatem gentibus bonæ voluntatis quæ sciant bene uti ea.* » Cette pensée manque dans tous les abrégés.

17° § 32. « *Et omne quod fit vel dicitur ad despectum Dei vel Dominæ Nostræ, vel sanctorum.* » Ceci manque également dans tous les abrégés.

18° § 32. « *Peccata corporis, ludum taxillorum, tabernas et alia peccata fac cessare in terra tua, sapienter et bono modo.* » Ceci manque dans tous les abrégés.

19° § 32. « *Ita quod terra tua sit inde bene purgata, sicut de consilio sapienti bonarum gentium esse intelliges faciendum.* » Cette pensée manque dans tous les abrégés.

20° § 34. « *Et iste est quidem sensus quem vellem multum te habere, hoc est dicere quod caveres tibi a stultis missionibus et pravis receptionibus, et quod denarii tui essent bene missi et bene recepti. Et istum sensum doceat te Dominus Noster una cum aliis sensibus qui sunt tibi convenientes et utiles.* »

De ces deux phrases, la première a peut-être laissé quelque empreinte dans les abrégés, la seconde a disparu complètement.

21° § 35. « Quod tu intendas in omnibus bonis quæ facias quod *Dominus Noster* det mihi partem in eis. » Les mots soulignés ne sont représentés dans aucun abrégé.

22° § 36. « Et rogo Dominum Nostrum Jesum Christum quod ipse per suam misericordiam *precibus et meritis benedictæ matris ipsius Virginis Mariæ, et angelorum et archangelorum* et omnium sanctorum *et sanctarum,* custodiat et defendat. » Les mots soulignés ne sont représentés dans aucun texte abrégé.

Je viens de relever vingt-deux traits caractéristiques, vingt-deux marques d'auteur, et cette énumération déjà si longue n'est pas complète. Or ces vingt-deux marques je les retrouve dans tous les abrégés, y compris celui de Sainte-Geneviève : j'ai donc surabondamment le droit de formuler cette conclusion : tous les abrégés, y compris Sainte-Geneviève, remontent à un seul auteur commun, Beaulieu. Pour défendre les passages incriminés, M. de Wailly a soutenu purement et simplement cette thèse : Sainte-Geneviève ne se rattache pas à l'abrégé de Beaulieu et aux autres abrégés qui dérivent de Beaulieu. Si Sainte-Geneviève se rattache à Beaulieu, comme je pense l'avoir établi, l'argumentation de M. de Wailly perd son point d'appui et les passages litigieux demeurent condamnés pour cette raison décisive qu'ils manquent tout à la fois dans les grands textes A, B et dans les abrégés latin et français de Beaulieu. Cette condamnation est générale et absolue : elle enveloppe non-seulement toutes les phrases que j'ai relevées dans un précédent mémoire, mais aussi celles que j'ai omises : toute pensée, toute nuance de pensée, tout mot qui manque à la fois dans A B et dans Beaulieu et apparaît seulement dans un abrégé quel qu'il soit, pourvu que cet abrégé soit reconnaissable aux signes caractéristiques indiqués plus haut, cette pensée, cette nuance, ce mot n'appartient pas à saint Louis.

Si j'emploie des expressions qui n'ont rien de dubitatif, c'est que les conclusions qu'en 1869 je considérais seulement comme très-probables s'imposent aujourd'hui à mon esprit : il devient à mes yeux tout à fait impossible de ne pas réunir tous les abrégés en un même groupe et de ne pas les faire tous dériver de Beaulieu.

Voudrait-on, tout en acceptant ce fait, défendre néanmoins les passages contestés? On supposerait alors que les enseignements de saint Louis ont subi deux mutilations successives : on imaginerait un texte original donnant naissance, par suite de quelques coupures, aux textes A B sur lesquels Beaulieu, à son tour, aurait fait son abrégé. Quant aux phrases retranchées de l'original elles auraient été longtemps oubliées : un jour enfin elles auraient été retrouvées, rendues au public et greffées maladroitement sur un des abrégés C au lieu d'être restituées purement et simplement à A B.

Cette hypothèse est toute gratuite et je ne vois pas comment on la pourrait justifier : pour expliquer les coupures qui auraient été faites au texte original de saint Louis, dira-t-on[1] qu'il parut superflu de citer comme preuves de la sainteté du roi un conseil secret de politique ou des règles de bonne administration qui étaient les moindres titres du saint roi à la vénération des fidèles? Mais on produisit comme un titre à la canonisation ce conseil : « Care fili, provide diligenter quod sint boni baillivi et præpositi in terra tua, et fac frequenter provideri quod ipsi faciant bene justitiam, et quod non faciant injuriam alicui nec aliquid quod non debeant. » Pourquoi aurait-on retranché (§ 30) celui-ci : « Fai les bonnes coustumes garder de ton reamme, les » mauvaises abesse. »? On produisit cet avis : « De illis maxime qui sunt in tuo hospitio cave ne faciant injuriam alicui. Et quamvis tu debes odire omne malum in alio, plus debes odire

1. Ce n'est pas rigoureusement l'explication proposée par M. de Wailly (pp. 30, 31, 32) que je réfute ici. M. de Wailly s'occupait exclusivement des phrases que j'avais signalées comme apocryphes : la logique me conduit aujourd'hui à déclarer apocryphes un bien plus grand nombre de passages : dès lors, l'explication dont il s'agit, si elle se produisait de nouveau, devrait s'étendre à tous ces passages sans exception. Je dois donc forcément lui donner cette extension qu'elle n'avait pas dans le travail de M. de Wailly.

Je dois aussi observer que M. de Wailly, contestant la parenté des divers textes, n'était pas conduit, comme nous y sommes maintenant amené, à supposer cet isolement bizarre des phrases litigieuses, étrangeté qui, à elle seule, milite en faveur de ma thèse.

Ainsi la première objection que je vais examiner rappelle un argument de M. de Wailly et montre la place désavantageuse qui lui reste aujourd'hui, mais ne prend pas l'argument tel qu'il se présentait, puisqu'au point de la discussion où j'en suis arrivé, la parenté des divers textes devient incontestable.

Les objections que j'examine ensuite ne sont pas empruntées à l'article de M. de Wailly : je les passe en revue parce qu'un critique est obligé de se poser à lui-même les objections qui pourraient ébranler sa thèse et de les éprouver par un examen sérieux et attentif.

malum quod veniret ab illis qui a te potestatem haberent quam
aliorum, et plus debes custodire et defendere ne contingat : »
pourquoi aurait-on laissé de côté celui-ci : « Garde que cil de ton
hostel soient preudomme et loiaus, et te souviegne de l'escripture
qui dit : Elige viros timentes Deum in quibus sit justicia et qui
oderint avariciam, c'est-à-dire : Aime gent qui doutent Dieu,
et qui font droite justice et qui héent convoitise; et tu profiteras
et gouverneras bien ton reamme. » ?

L'explication que je viens de mettre sous les yeux du lecteur pourra-t-elle rendre compte de coupures comme celle-ci :
« Tien en grand vilté Juis », phrase qui aurait été retranchée
d'un paragraphe dont il est resté seulement : « Hæreticos fac pro
posse fugari a terra tua et alias malas gentes, ita quod terra tua
sit inde bene purgata, sicut de consilio sapienti bonarum gentium
esse intelliges faciendum. » (§ 32)?

Expliquera-t-on cette autre coupure : « Et commande à tes
juges que tu ne soies de rien sostenuz plus que uns autres, » phrase
qui aurait été retranchée d'un paragraphe dont il est resté
seulement : « Et si contingat contra te aliquem habere querelam, sustine querelam extranei coram consilio tuo, ut non ostendas te nimis diligere querelam tuam quousque cognoscas verita-
tem; quia illi de consilio ex hoc possent esse pavidi ad loquen-
dum contra te : quod tu velle non debes. » (§ 19)?

Expliquera-t-on enfin cette coupure : « S'il ne t'a trop forment
mesfet, » phrase supprimée à la suite de ce conseil conservé :
« Chiers fiz, je t'enseing que tu te gardes à ton pooir de esmovoir
guerre contre nul home crestien. » (§ 27) ?

Je montrerai plus loin que la phrase qu'on vient de lire : « S'il
ne t'a trop forment mesfet » est tout simplement le résultat d'un
second travail d'abréviation opéré sur l'abrégé de Beaulieu et
qu'elle résume le résumé de cet historien, de telle sorte qu'en la
superposant à A B on reproduit la même pensée sous deux formes
différentes. Pour l'instant il me suffit de constater que l'hypothèse des coupures faites au texte original, afin de retrancher
quelques phrases inutiles au procès de canonisation, ne se justifie
pas, puis qu'à une seule exception près, les passages qui auraient
été retranchés présentent tout à fait le même caractère que les
passages maintenus. Le paragraphe dans lequel saint Louis
recommande à son fils de se servir des bonnes villes contre les
barons pourrait avoir, il est vrai, un caractère tout parti-

culier; mais ce passage n'est pas le seul en cause. J'ajouterai qu'un conseil politique me paraît un élément d'appréciation très-important pour un procès de canonisation : ce retranchement même isolé ne se justifierait donc pas. On a dit : c'eût été manquer aux lois de la plus vulgaire prudence que d'ébruiter un conseil politique dans lequel le roi parle des ménagements à garder avec les communes et les bonnes villes pour y trouver, au besoin, un appui contre la noblesse : mais il n'est plus facile de faire valoir cette considération : car ce passage politique qu'on croyait soustrait à dessein à la publicité de l'enquête apparaît avant la canonisation [1] et précisément dans le texte le plus populaire, le plus répandu, celui des Grandes Chroniques de Saint-Denis [2].

L'objection que j'ai exposée n'est donc pas de nature à faire naître le doute dans mon esprit.

Voudrait-on se dispenser de recourir à l'hypothèse compliquée que je viens d'examiner? On supposera alors que l'original a été tout entier mis en réserve, puis qu'un hasard heureux l'a placé sous les yeux d'un des copistes de l'abrégé de Beaulieu : ce copiste aurait enrichi l'abrégé des phrases litigieuses trouvées dans l'original.

Mais comment ce copiste aurait-il négligé vingt-deux autres occasions d'enrichir son texte, comment n'aurait-il recueilli aucun des vingt-deux passages négligés par Beaulieu? On ne peut supposer qu'il ait pu vingt-deux fois de suite enrichir son texte de passages tout aussi précieux que les phrases contestées et que vingt-deux fois de suite il ait dédaigné de le faire.

Songerait-on enfin à l'hypothèse suivante? L'original est perdu, mais de cet original sont dérivés directement, sans parler de Beaulieu, deux abrégés : 1° le texte A B que nous connaissons et qui est aujourd'hui notre grand texte; 2° un abrégé X contenant les passages litigieux.

Quelle peut être la relation de X et de Beaulieu? Pour répondre à cette question j'examine les deux états sous lesquels X a pu se présenter.

1. Je justifie cette assertion dans le chapitre suivant.
2. Je considère ici, en bloc, comme textes populaires et de vulgarisation les Chroniques de Saint-Denis. Mais des rédactions postérieures sont venues supplanter la rédaction spéciale à laquelle je fais particulièrement allusion; elle est ainsi devenue fort rare dans nos bibliothèques.

1er ÉTAT POSSIBLE. X contenait les vingt-deux passages authentiques qui manquent dans Beaulieu; il est aujourd'hui perdu. Mais il a servi à combler les lacunes de Beaulieu, et lui a fourni les passages litigieux, ce qui a donné le texte des Grandes Chroniques et de Joinville. Hypothèse inadmissible, car l'impossibilité que je signalais tout-à-l'heure se représente; on n'a pu négliger vingt-deux occasions d'enrichir Beaulieu.

2me ÉTAT POSSIBLE. X ne contenait pas les vingt-deux passages authentiques qui manquent dans Beaulieu. Il se confond, par conséquent, avec le texte des Grandes Chroniques et de Joinville.

Ici deux hypothèses à examiner :

1re *Hypothèse*. L'abrégé X dû à un abréviateur inconnu autre que Beaulieu a été sous les yeux de Beaulieu et non point l'original ou la copie de l'original. C'est sur X que Béaulieu a fait lui-même son abrégé : plus tard, dans les Grandes Chroniques et dans Joinville, on a substitué X à l'abrégé de Beaulieu.

2me *Hypothèse*. L'abrégé X est l'œuvre de Beaulieu lui-même qui avait fait deux abrégés : X, puis abrégé de X, et qui nous donna dans la vie de saint Louis l'abrégé de X. Quant à X, il s'est conservé on ne sait comment et a reparu dans les Chroniques de Saint-Denis et dans Joinville.

A ces deux hypothèses extrêmement compliquées, et c'est déjà contre elles une très-forte présomption, je réponds de la manière suivante : la première hypothèse est inadmissible parce qu'elle est en contradiction formelle avec le texte même de Beaulieu : cet auteur nous apprend, en effet, qu'il a eu sous les yeux l'original des enseignements écrit de la main de saint Louis: «horum documentorum manu sua scriptorum..... ego copiam habui». Je traduis *copiam* par *communication* et non par *copie*. Veut-on donner à *copiam* le sens de *copie* et non pas celui de *communication* (sens que je ne crois pas le bon [1])? Il restera toujours

---

[1] Voici le passage complet de Geoffroy de Beaulieu :

« Ante suam infirmitatem extremam scripsit in gallico manu sua salutaria documenta et catholica instituta ; quæ filio suo primogenito, et in ipso cæteris liberis quasi pro testamento reliquit. Horum documentorum manu sua scriptorum post mortem ipsius ego copiam habui, et sicut melius et brevius potui, transtuli de gallico in latinum : quæ documenta sunt hæc. » (G. de Beaulieu, dans D. Bouquet, XX, p. 8).

Au moyen âge, *copia* signifie *communication* ou *copie;* mais le sens me paraît être ici *communication*, non pas *copie*. Je traduis cette phrase : *horum documentorum*, etc., par : « *J'ai eu, après la mort du roi,*

que Geoffroy, écrivant très-peu d'années après la mort de saint Louis, affirme avoir eu entre les mains une copie de l'original, et non un abrégé : l'hypothèse serait donc, dans tous les cas, en contradiction avec le texte de Beaulieu.

Mais je suppose un moment que Beaulieu n'ait rien dit et que nous puissions imaginer qu'il a eu entre les mains un abrégé, non pas un original. Nous serons bientôt forcés, pour de nouvelles raisons, d'abandonner cette supposition. Trois sources importantes de l'histoire de saint Louis se trouvent, entre elles, dans le rapport suivant, pour les passages communs : Beaulieu, original ; Nangis, écrivain de seconde main[1], utilisant Beaulieu ; rédacteur des Grandes Chroniques, écrivain de troisième main, copiant Nangis. En thèse générale, lorsqu'un même récit figure dans ces trois œuvres historiques, c'est Beaulieu qui est la source première : cette situation relative des trois textes sera-t-elle donc intervertie, en ce qui concerne les enseignements de saint Louis? Si nous trouvons ces enseignements à la fois dans Beaulieu, dans Nangis et dans les Grandes Chroniques avec certain caractère qui permette d'affirmer la parenté des trois textes (ce caractère commun est la suppression des vingt-deux mêmes passages), devrons-nous aller chercher dans la source la plus lointaine le texte original et considérer Beaulieu comme le texte dérivé?

Ainsi tout contribue à nous faire rejeter la première hypothèse; j'arrive à la seconde. Dans cette hypothèse l'abrégé contenant les passages litigieux sera l'œuvre de Beaulieu lui-même, lequel aura fait deux abrégés, l'abrégé litigieux, puis, à l'aide de cet abrégé litigieux, celui qui figure dans son histoire. Si on admettait cette hypothèse, on introduirait dans les études de critique historique,

---

communication de l'original, » et non : « *J'ai eu, après la mort du roi, copie de l'original.* » Un peu plus haut, Geoffroy a déjà dit : *scripsit in gallico manu sua.* Il me semble qu'il revient sur cette pensée : (*Horum documentorum manu sua scriptorum copiam habui*) pour nous apprendre qu'il a eu entre les mains l'original. S'il ne s'était servi que d'une copie, le fait que cette copie aurait été exécutée directement sur l'original ne l'eut pas beaucoup frappé : c'était quelque chose de très-naturel. Il eût vraisemblablement jugé inutile de nous transmettre ce détail et il eût dit simplement : « *Horum documentorum post mortem ipsius ego copiam habui.* »

1. De troisième, si on admettait, même pour les passages qui remontent à Beaulieu, l'intermédiaire de Gilles de Reims ; alors les Grandes Chroniques seraient de quatrième main. Mais cela ne fait rien à notre thèse : il est inutile de mêler Gilles de Reims à cette discussion.

une confusion singulière : rien n'empêcherait de s'arroger pour
tout autre passage de Beaulieu le droit qui paraîtrait légitime à
l'occasion des enseignements ; et, dès lors, il serait facile de
signaler dans les Grandes Chroniques plusieurs passages correspondant au texte de Beaulieu, mais altérés soit par des retran-
chements, soit par des additions et de déclarer que cette rédaction
appartient elle aussi à Beaulieu qui primitivement avait composé
deux œuvres distinctes, l'une qui nous est arrivée tardivement
et indirectement par les Grandes Chroniques, l'autre qui nous
est parvenu sans aucun intermédiaire, et que nous nommons la
vie de saint Louis.

Si on appliquait trop facilement cette hypothèse à d'autres
textes et à d'autres auteurs, on arriverait aux conclusions les
plus inattendues : qu'on ouvre le *Digeste* ou les *Institutes* et
qu'on s'arrête sur tel passage correspondant aux Institutes de
Gaius, mais un peu différent : on croira pouvoir supposer deux
rédactions des Institutes de Gaius, l'une conservée par le canal
de Justinien, l'autre par le palimpseste de Vérone : il n'y aura
pas d'œuvre un peu répandue dont on ne puisse ainsi doubler,
tripler les rédactions [1].

Cette hypothèse tombe donc comme la première et les diverses
objections que j'ai examinées tour à tour ne se peuvent soutenir :
s'il en surgissait quelque autre, fondée sur une hypothèse très-
invraisemblable, mais non pas matériellement et absolument impossible, je me contenterais de faire observer qu'en ces matières,
les plus fortes preuves ne peuvent conduire à une conclusion qui
s'impose à l'esprit de la même manière qu'une conclusion mathématique : tout ce qu'on peut exiger du critique, c'est qu'il montre
la très-grande invraisemblance de certaines hypothèses opposées
à la thèse qu'il soutient : cette invraisemblance peut être assez
forte pour que la thèse défendue soit dite certaine ; mais il est
évident que cette certitude sera toujours distincte d'une certitude
mathématique.

Je crois être autorisé à maintenir cette conclusion :

Saint Louis n'a écrit aucune des phrases qui lui sont attribuées

---

1. En d'autres termes, ce fait d'une œuvre double ne peut être admis comme
hypothèse pour servir à expliquer une difficulté de critique : c'est un cas rare
qui doit être prouvé directement.

J'ai consacré moi-même quelques pages à faire voir qu'il en était peut-être
ainsi pour l'œuvre de Suger.

par divers manuscrits et qui manquent tout à la fois dans A B et dans Beaulieu.

II. — UNE RÉDACTION DES CHRONIQUES DE SAINT-DENIS ANTÉRIEURE POUR LE RÈGNE DE SAINT LOUIS A LA RÉDACTION DU MANUSCRIT DE SAINTE GENEVIÈVE. EMPRUNTS DE JOINVILLE AUX CHRONIQUES DE SAINT DENIS.

Je pourrais clore ici cette discussion, car je crois avoir touché le point essentiel. Toutefois je n'ai pas encore abordé directement l'argumentation de M. de Wailly : j'y arriverai plus tard ; mais je demande la permission d'ouvrir d'abord une assez longue parenthèse.

Entre les diverses sources historiques qui nous ont conservé le texte des instructions de saint Louis à son fils, Nangis, les Grandes Chroniques de Saint-Denis, Joinville, méritent, au point de vue qui nous occupe ici, une attention particulière. Je ne puis me dispenser d'une excursion rapide dans le domaine de l'histoire comparée de ces trois sources si importantes pour l'histoire du xiiie siècle. Je reviendrai ensuite tout naturellement à l'argumentation de mon illustre et très-savant adversaire et je pourrai alors me livrer à une discussion plus directe.

Parmi les nombreuses rédactions de la Chronique de Saint-Denis ou Grande Chronique de France, il en est une[1] qui n'a pas été assez remarquée jusqu'à ce jour, et qui, cependant, est antérieure pour le règne de saint Louis à la fameuse rédaction du manuscrit de Sainte-Geneviève. Il s'agit de la rédaction conservée dans le manuscrit fr. 2615 (ancien 8305 [5.6.]).

L'écriture et la langue de ce manuscrit inspirent, au premier abord, des présomptions favorables. L'écriture (pour la partie du manuscrit correspondant au règne de saint Louis) est du commencement du xive siècle : on est porté à la considérer comme plus ancienne que l'écriture du manuscrit de Sainte-Geneviève

---

1. L'importance de ce manuscrit pour le règne de saint Louis n'a pas été signalée, mais le manuscrit lui-même est très-connu : il a été utilisé pour le *Recueil des Hist. de France.*

M. Paulin Paris, dans son édition des Grandes Chroniques de France, regrette de n'avoir pu consulter ce manuscrit, qui était alors emprunté par M. Daunou. On ne doit donc pas s'étonner que cette rédaction n'ait pas été utilisée par le savant éditeur des Grandes Chroniques.

(pour la partie correspondant au même règne) ; quant à la langue, elle est incontestablement plus archaïque et plus régulière.

Manuscrit fr. 2615.	Manuscrit de Sainte-Geneviève LF 2.
Fol. 245, verso. *Li bouteillers s'en ala au roi de France*.	Fol. 372, verso. *Quant le bouteillier* et entendu le sarrazin.
Ibid. Li rois qui re voult croire, etc.	*Ibid. Le roy* commanda que l'en le lessast aler.
Fol. 235, verso. *Quant li bons rois donoit aucun bénéfice*.	Fol. 360 recto. Quand *le roy donnoit aucuns bénéfices*.
Fol. 235, verso. *Li rois amoit toutes gens*.	Fol. 359, verso. *Le roy amoit toute gent*.
Fol. 245, recto. *Quant li françois et li baron orent tendu leur herberges desous Cartage, li marinier vindrent au roy et li distrent*, etc.	Fol. 371, verso. *Quant les barons se furent logié es plains dessous Cartage, les ma. iniers vindrent au roy et li distrent*, etc.

Ces rapprochements ne peuvent laisser aucun doute sur l'âge relativement récent de la langue du manuscrit de Sainte-Geneviève (je parle seulement de la seconde partie de ce manuscrit, celle qui contient le règne de saint Louis).

Voilà pour la forme, je passe au fond ; en d'autres termes, je compare les deux rédactions. On sait que Guillaume de Nangis constitue pour le règne de saint Louis le canevas primitif des grandes chroniques ou, au moins, d'un groupe très-important et très-nombreux de grandes chroniques. C'est là un point que je puis considérer comme acquis[1]. Ce fait originaire une fois admis, tout le monde conviendra qu'entre deux rédactions des grandes chroniques, dont l'une côtoie constamment Guillaume de Nangis et dont l'autre s'en écarte sensiblement, la première est la plus ancienne, la seconde la plus récente. Rapprochons donc sur trois colonnes parallèles Nangis, 2615 et Sainte-Geneviève (LF 2). Nous nous apercevrons bientôt que 2615 suit Nangis, tandis que Sainte-Geneviève s'en éloigne notablement.

---

1. Les rapprochements qui vont suivre suffiraient, d'ailleurs, pour mettre en pleine lumière la proposition que je considère ici comme acquise au débat ; quelqu'un de mes lecteurs songera peut-être à Primat : mais il ne faudrait pas s'arrêter à cette pensée. Tous les passages de la rédaction actuelle des Grandes Chroniques que j'ai conférés tout à la fois avec Nangis (Vie de saint Louis) et Primat, sont calqués sur Nangis, non sur Primat.

1°

Guillaume de Nangis [1]
Ms. fr. 4978, fol. 70, r°.
Ms. fr. 23277, fol. 80, r°.
(D. Bouquet, XX, p. 461).

Après ce que li très-bons crestiens roy Loys ot ainsi ensengnié Phelippe son fil, l'enfermeté que il avoit li commença moult angoiseusement à croistre; et, pour ce, li sains hons, il vout recevoir les sacremens de sainct Eglise, endementres que il avoit encore bonne pensée, sain et entier encore son entendement. Ainsi comme on l'enolioit [2] et disoit les vii seaumes, il meismes disoit les vers d'une part et appeloit les sufrages des sains, en nommant chascun saint, quant on disoit la letanie devant li [3].

Chronique de St-Denis
Ms. fr. 2615, fol. 246, v°

Quant li bons rois Looys ot ainsi enseignié son filz Philippe, l'enfermeté qu'il avoit li commença forment à croistre, et, pour ce li preudons voult avoir les sacremenz de sainte Eglise, endementres qu'il avoit saine pensée et entier entendement. Ainsi comme l'en l'enul lioit et l'en disoit les sept spiaumes, il disoit les vers d'une part et apeloit les sufrages des sains, en nommant chacun saint quant l'en disoit la lethanie.

Chronique de St-Denis
Ms. de Ste-Geneviève
LF 2, fol. 373, v°.

Apres ce que le roy ot ensegnié les commande-menz à Phelippe son fiuz, la maladie le commença forment a grever, si commanda que l'en li donnast les sacremenz de sainte Yglise tant comme il estoit en bon mémoire. Et à chascun vers du sautier que l'en disoit, il responnoit et disoit le sien selonc son pooir.

2°

Ms. fr. 4978 fol. 66, r°
23277, fol. 76, v°.
(Bouquet, XX, pp. 451, 453.)

Quant li roys Loys et li baron orent tendues lor herberges dessous Cartage, li marinier vindrent au roy et distrent qu'il li renderoient le chastel de Cartage, assez tost prist, se il lor vouloit baillier des arbalestiers en ayde. A ce leur respondi li roys, et dit que il s'appareillassent, avant, et leur eschieles et leur engien [4], et, apres ce, il leur

Ms. fr. 2615, fol. 245, r°.

Quant li François et li baron orent tendu leur herberges desoux Cartage, li marinier vindrent au roy et li distrent et promistrent qu'il li rendroient assez tost, se il leur voloit baillier des arbalestiers en aide. A ce leur respondi li rois et leur dit qu'il s'a-pareillassent, avant, et leur eschieles et leur engins; et, après ce, il leur bauldroit gent à

Ms. de Sainte-Geneviève
LF 2, fol. 371, verso.

Quant les barons se furent logié es plains dessous Cartage, les mariniers vindrent au roy et li distrent qu'il li rendroient Carthage, s'il leur vouloit donner aide; et il leur donna V cens sergenz a pié et quatre batailles de chevaliers.

---

1. J'établis le texte de Nangis à l'aide des deux manuscrits fr. 4978 et 23277 et j'ai soin de noter les désaccords de quelque importance.

2. Manuscrit fr. 4978 « on l'en enolioit. »

3. Ms. fr. 23277 « et appelloit les noms des sains quant l'en disoit la letanie devant lui. »

4. Ms fr. 4978 ajoute après *engien*: *seroient dreciés* et au lieu de « *avant* » donne un mot d'une lecture difficile, peut-être *quant*. Le t. XX des Hist. de France n'indique pas ici le texte du ms. 23277, qui, cependant, est évidemment le meilleur.

bailleroit gens à cheval et arbalestiers en ayde. Le jeudi emprès, li marinier repairierent au roy, et dirent que il estoient apareillié à assalir le chastel, aus ques li roys fit baillier V° arbalestiers à pié et a cheval, et IIII batailles de chevaliers d'estrange nation.

grant foison à pié et à cheval et IIII batailles de chevaliers d'estranges nacions. Le jeudi apres, li marinier retournerent au roi et distrent qu'il estoient tout prest et tout appareillié; et li rois commanda qu'il eussent V° arbalestiers à pié et à cheval, et IIII batailles de chevaliers d'estranges nascions.

3°

Incident curieux de la seconde croisade de saint Louis : un Sarrazin s'est fait recevoir avec deux compagnons dans le camp des Français, demandant le baptême et promettant son amitié. C'était une ruse de guerre ; elle a bien réussi ; et l'audacieux ne songe plus qu'à sortir sain et sauf du camp des croisés, il y parvint en leur faisant de nouvelles promesses qui ne furent pas tenues. C'est là, du moins, ce que porte le texte latin de Nangis : la traduction française fait ici un contre-sens[1] : nous y lisons que la promesse fut tenue. Ce contre-sens de la traduction française a passé dans le ms. fr. 2615 : Sainte-Geneviève, très-abrégé en cet endroit, le laisse seulement soupçonner : je prends ce texte au milieu du discours du chef Sarrazin :

GUILLAUME DE NANGIS.
Ms. fr. 4978, fol. 68 r°.
Ms. fr. 23277, fol. 78, r°.
(Bouquet, XX, p. 455).

« ... Et que vous puisiés par œuvre prouver ce que je di par bouche[2], laissiés aler 1 de mes compaignons à mes gens; et se il ne vous amainne plus de II M. Sarrazins qui vous amenront vitaille à vendre et vous seront en ayde, que vous faciés de moi aussi comme de traitour. » Toutes ces choses dites, il enfourma moult le bouteillier à croire de ce que il disoit, et, pour

CHRONIQUE DE ST-DENIS.
Ms. fr. 2615 :
Fol. 245, verso.

... « Et que vous puisiez prover ce que je vous di par bouche, lessiez aler 1 de mes compaignons à mes gens ; et se il ne vous amainent plus de II M. Sarrasins qui vous amenront vitaille à vendre et vous seront en aide, faites de moi aussi comme d'un traitre desloial ». Toutes ces choses dites, il enforma le bouteillier de ce qu'il disoit ; et, pour ce, li bouteillier s'en ala

CHRONIQUE DE ST-DENIS.
Ms. de Ste-Geneviève.
Fol. 372, verso.

... « Et que vous puissiez savoir ce que je vous di, lessiez aler 1 de mes compaignons à mes gens qui vous amenront vitaille et vous seront en aide tant comme il porront. » Quant le boutellier ot entendu le Sarrasin, si dist au roy ce que le Sarrazin li avoit conté. Le roy commanda que l'en le lessast aler ; si porroit l'en véoir leur léauté.

1. Ce contre-sens pourrait s'expliquer par une faute de copiste : le texte primitif pouvait porter : « laquel chose il ne fit, ne acompli. »

2. Ms. 23277 « et se vous voulez prouver par bouche ce que je vous di. »

ce, li boutelliers vint au roy, et li dit ce que li Sarrazins avoit raconté; mais li roys, qui ne voul pas croire à leur paroles, commanda que on les lessat aler aus autres Sarrazins. Lors tantot li boutelliers et li connoitables les conduirent hors de l'ost; de quoy moult de gent murmurerent; et li maitre de ses trois Sarrazins dit que il revendroit l'endemain, et acompliroit ce que il avoit promis : laquel chose il fit et acompli[1]; et si fu moult liement recus des Sarrazins, qui cuidoient que li et ses compaignons feussent occis des Crestiens.

au roi de France et li dist ce que li Sarrazins avoit raconté. Li rois qui ne voult croire leur parole commanda que l'en les laissast tous III aler aus austres Sarrazins. Tantost li botellier et le connestable les conduirent hors de l'ost; de quoi moult de gent disoient que li rois ne savoit qu'il faisoit et qu'il estoit bien deceus; li mestres de ces III Sarrazins dist qu'il vendroit l'endemain et qu'il acompliroit ce qu'il avoit promis : laquel chose il fist et l'acompli en la maniere qu'il l'avoit promis. E fu moult liéement receus des autres Sarrazins; car il cuidoient qu'il et si compaignon fussent ocis des Crestiens.

4°.

GUILLAUME DE NANGIS.
Ms. fr. 4978, fol. 68,
recto et verso.
Ms. fr. 23277, fol. 78,
verso. (Bouquet, XX,
p. 457).

CHRONIQUE DE ST-DENIS.
Ms. fr. 2615.
Fol. 246, recto.

CHRONIQUE DE ST-DENIS.
Ms. de Sainte-Geneviève.
Fol. 372, verso.

Quant nos gens virent ce, si commencierent à crier : « Aux armes ! » et s'armerent hastivement et issirent li roys Loys et si baron à batailles ordenées. Li cuens d'Artois et ses batailles chevauchierent vers la mer, et cela si avant que il peut bien avoir enclos aucun des Sarrazins, ce les autres batailles fussent cornes[2]. Messire Pierres li Chambellens et frere[3] Almauri de la Roche qui chevauchoient

Lors quant François virent ce, si commencierent à crier : « Aus armes ! » et s'armerent hastivement; et issi li rois et tous ses barons armez, de leur tentes, à bataille ordenée. Le conte d'Artois et sa bataille chevaucha par-devers la mer et ala si avant que il peut bien avoir enclox partie des Sarrazins, ce les autres batailles de noz gens fussent courues. Pierre le Chambellent et frere

Quant François les virent venir, si s'armerent hastivement et issirent de leur heberges à baniere desploiée. Le conte d'Artois et sa bataille ala devers la mer, si avant qu'il enclost une bataille de Sarrazins. Pierre le Chambellenc torna celle part, et les enclost d'autre part si que les autres Sarrazins ne leur porent aidier. Si commença l'assaut des deux parties, et lancierent les uns aux autres.

1. Le latin porte : quæ promissa *non, ut falsus et subdolus,* adimplevit. » (Dom Bouquet, XX, p. 454.) Primat, traduit par J. du Vignay, est d'accord avec le texte latin de Nangis (Bibl. nat. fr. nouv. acquis. 470, fol. 107).

2. Ms. fr. 4978 « se il vousit. »

3. *Ibid.* Messire Amaurris.

<table>
<tr><td valign="top">

euls trente, vers le ri-
vage, virent aucuns Sar-
razins qui venoient trop
avant, et, pour ce, il
tournèrent encontre euls,
et pointrent les chevaus
viguereusement pour euls
enclorre entre euls et la
bataille le conte d'Ar-
tois [1]; mais [2], quant li
Sarrazin virent ce, il
s'enfuirent; desquilex il
occirent XIII [3], et retin-
drent leur chevaus.

</td><td valign="top">

Amauri de la Rocha qui
chevauchierent eus XXX
vers le rivage de la mer
virent aucuns Sarrazins
qui venoient trop avant
vers le rivage; si poins-
trent les chevaux vers
eus savoir mon se il les
porroient enclore entre
eus et la bataille le conte
d'Artois; mes quant li
Sarrazin virent ce, il
s'enfuirent; desquex il
ocistrent XIII et retin-
drent leur chevaus.

</td><td valign="top">

Sarrazins virent bien
qu'il estoient en péril;
si tornerent en fuie, mes
ançois qu'il fouissent, la
greigneur partie en fu
ocise.

</td></tr>
</table>

Inutile de multiplier les comparaisons : ces textes suffisent pour établir que 2615 suit de très-près Nangis, mais en rajeunit parfois le langage, tandis que Sainte-Geneviève mutile le texte primitif et le rajeunit presque toujours.

Sainte-Geneviève fait subir au texte primitif des changements d'une autre nature : il y fait d'assez nombreuses additions ; ainsi Nangis et 2615 accordent trois lignes à la prise de Majorque et d'Iviça, en 1229, par Jacmes Ier, roi d'Aragon [4]. La famille de textes à laquelle appartient le manuscrit de Sainte-Geneviève consacre à ce fait un long chapitre [5].

Sainte Élisabeth de Hongrie obtient quelques lignes dans Nangis [6] et dans 2615 [7], tout un chapitre dans Sainte-Geneviève [8].

Nangis et 2615 contiennent un paragraphe sur la reconstruction de Saint-Denis : le récit est très-développé dans Sainte-Geneviève [9].

Mais 2615 n'est pas d'un bout à l'autre la copie pure et simple de Nangis. 2615 a déjà commencé, pour son propre compte, la série des modifications, des allongements au texte de Nangis : il a ébauché le travail que Sainte-Geneviève doit poursuivre : 2615 contient donc quelques ajoutés au texte primitif. Ces ajoutés passent dans Sainte-Geneviève, mais altérés en même temps

1. Ms. fr. 4978 « la bataille le roy. »

2. *Ibid.* Les mots « quant li sarrazin virent ce » manquent.

3. *Ibid.* « Et en y ot occis XIII. »

4. Nangis dans Bouquet, XX, p. 318. Ms. fr. 2615, fol. 218 v°.

5. Ms. de Sainte-Geneviève, fol. 329 v°, 330 r° et v°, 331 r°. Conf. Paul. Paris, *Grand. Chron.* IV, pp. 240, 241.

6. Nangis, *ibid,* p. 318.

7. Fol. 218 r°.

8. Fol. 331 r° et v°, 332 r°. Conf. P. Paris, *ibid.* pp. 245, 246.

9. Nangis, *ibid.* p. 321. Manuscrit, fol. 218 v°.

qu'enrichis de quelques additions nouvelles. Au fol. 235, v° du ms. fr. 2615 se trouve un chapitre consacré à l'énumération des diverses fondations pieuses faites par saint Louis, chapitre qui manque dans Nangis : voici la copie de ce texte : je place en regard celui de Sainte-Geneviève :

<table>
<tr><td>

Manuscrit fr. 2615.

Fol. 235, verso.

Li rois amoit toutes gens qui se metoient à Dieu servir et qui portoient habit de relegion ; *ne nus ne venoit à lui qui fausist à avoir aucune chevance de vivre :* il provit les freres du Carme et leur acheta une place sus Saine par devers Charenton, et leur fist faire leur meson, et leur acheta revestemenz et tex choses comme il convenoit, à fere le service nostre Seigneur. *En apres il provit les freres de Saint Augustin* et acheta la granche à 1 bourgeois de Paris et toutes les apartenances et leur en fist faire 1 moustier dehors la porte de Montmartre ; et les freres de Saz provit-il, et leur dona place sus Saine par devers saint Germain des Près ; mais il n'i demorerent gueres que il furent abatu. Assez tost apres que les freres des Saz furent herbergié, revint une autre maniere de freres que l'on apeloit l'ordre des Blans Mantiaus, et requistrent au roi qu'il leur aidast à ce qu'il peussent demourer à Paris ; et li rois leur acheta une meson et places entour pour eus herbergier delez la viez porte du Temple de Paris. Ices Blans Mantiaus furent abatu au concile à Lions, que Gregoire li X° tint. Apres revindrent une autre maniere de freres qui se faisoient apeler les freres de Sainte-Croix, et portent la crois devant leur piz et requistrent au roi qu'il leur aidast ; et li rois le fist moult volentiers ; et les herberga à Paris en une rue qui est appellée le quarrefour du Temple, qui ore est apelée la rue Saint Croix.

Ainsi avironna li bons rois de gens de relegion la cité de Paris.

</td><td>

Manuscrit de Sainte-Geneviève,

Fol. 359, verso.

Le roy amoit toute gent qui entendoient à Dieu servir et qui portoient habit de religion. Il fist grace aus freres Nostre Dame du Carme et leur fist fere une meison seur Saine et acheta la place d'entour pour eus eslargir ; et leur donna revestemenz et galice et toutes choses qui sont convenables à Dieu servir et à fere son office. Après, il acheta la granche à 1 bourgois de Paris et toutes les apartenances, et leur en fist fere 1 moustier dehors la porte de Montmartre ; les freres des Sacs furent hebergié en une place seur Saine par devers saint Germain des Prez qu'il leur donna ; mes poi i demourerent, quar il furent quassé et abatu. Après qu'il furent abatu, les freres de saint Augustin vindrent demourer en icelle place pour ce qu'il estoient trop estroitement hebergié. Une autre maniere de freres vindrent au roy, qui disoient qu'il estoient de l'ordre des Blanz Mantiaus et et li requistrent qu'il leur aidast à ce qu'il poissent avoir une place où il peussent demorer à Paris. Et le roy leur acheta une meison et la place entour delez la viez porte du Temple assez pres des tesserranz ; mes il furent abatus au concile de Lyons que Gregoire le X fist. Apres revint une autre maniere de freres qui se fesoient apeler freres de Sainte Croix et requistrent au roy qu'il leur aidast ; et le roy le fist volentiers ; en une rue les heberga qui estoit apelée le quarrefour du Temple, qui ore est apelée la rue sainte Croix. En ceste maniere, comme nos avons dit, avironna li roys tout Paris de gens de religion.

</td></tr>
</table>

1. Fol. 332 v°. Conf. P. Paris, *ibid.* pp. 251, 252.

Ici Sainte-Geneviève ajoute çà et là quelques traits et, en même temps, copie mal son modèle : ces mots : « en après il provit les freres de Saint-Augustin » sont omis : il en résulte que l'achat de la grange à un bourgeois de Paris, la construction d'un moutier dehors la porte de Montmartre sont appliqués aux « frères du carme » et non pas aux frères de Saint-Augustin. En revanche, Sainte-Geneviève complète le texte primitif au sujet des frères Sachets par un renseignement, d'ailleurs exact, qui manquait dans son modèle ; il nous apprend que les frères de St-Augustin s'établirent dans le couvent précédemment occupé par les frères des Sacs.

. J'en ai dit assez pour établir que la rédaction de Sainte-Geneviève est postérieure à celle de 2615 : le langage de Sainte-Geneviève est plus moderne et la rédaction primitive y est dénaturée (parfois enrichie). Si j'essaye de serrer de plus près encore ce problème littéraire, si je cherche à fixer approximativement la date de chacune de ces rédactions, je remarque que 2615 garde des traces d'une rédaction antérieure à la canonisation de saint Louis ; Sainte-Geneviève au contraire, comme l'a déjà fait observer M. Paulin Paris[1], paraît postérieur à cette canonisation. En effet, 2615 désigne Louis IX par des termes qui s'expliqueraient très-difficilement s'il s'agissait d'un saint déjà canonisé : « Ci commence l'estoire du roi Looys, le relegieus home de sainte vie[2]. — Ci faut l'estoire du roi Looys, le relegieus homme de bone vie, et de sainte, et de bone memoire[3]. »

Sainte-Geneviève, au contraire, tout en conservant peut-être quelques traces d'une rédaction primitive antérieure à la canonisation (rédaction plus purement conservée dans 2615) s'exprime à plusieurs reprises en des termes qui paraissent bien supposer la canonisation, surtout si on les rapproche des expressions correspondantes de 2615. Sainte-Geneviève débute par ces mots : « Ci commence la vie de Monseigneur St Looys[4] » ; il finit par cette formule : « explicit vita beati Ludovici quondam regis Francie[5]. »

Je rapprocherai encore ces deux phrases :

1. *Les grandes Chron. de France.*. t. IV, p. 209, t. VI, p. 503.
2. Fol. 217 r°.
3. Fol. 24, r°.
4. Fol. 327 recto.
5. Fol. 374.

<table>
<tr><td>

Ms. fr. 2615.
Fol. 247, recto.
L'endemain de la feste Saint Berthe-
lemieu l'apostre, trespassa de ce siecle
li bons rois Looys, en l'an de l'Incarna-
cion notre Seigneur MCC et LXX.

</td><td>

Sainte-Geneviève.
Fol. 374, recto.
L'endemain de la feste Saint Berthe-
lemi trespassa de ce siecle saint Looys,
en l'an de l'Incarnation Nostre-Sei-
gneur MCC et LXX.

</td></tr>
</table>

Je reconnais que le titre de saint a pu être accordé à Louis IX avant la canonisation. La présence de cette épithète ne suffirait donc pas pour prononcer qu'une rédaction est postérieure à 1297; mais ce qualificatif oblige, comme l'a remarqué M. de Wailly[1] à considérer la rédaction qui l'a admis comme postérieure à celle où il ne figure pas. Pour n'employer que des termes d'une rigoureuse exactitude, je me contenterai donc de dire que 2615 conserve une rédaction antérieure à 1297 et que Sainte-Geneviève a été composé après 2615. Je dois ajouter que 2615 ne représente pas d'une façon adéquate cette rédaction antérieure à 1297. Le manuscrit 2615 a été écrit après la mort de Philippe-le-Bel et cette circonstance a exercé quelque influence, légère à la vérité, sur la rédaction primitive: en effet, je lis dans l'énumération des rois de France qui se trouve au fol. 189 verso, cette phrase: « Le XLVI (roi) ot non Phelippe le Biau qui trespassa l'an de grâce M III° et XIIII et fu filz Philippe le Hardi. »

Inutile de commenter ce paragraphe; il est clair que 2615 a été écrit après la mort de Philippe-le-Bel, mais je pense néanmoins que la rédaction signalée plus haut se retrouve à bien peu de chose près dans 2615 et je ne crois pas qu'il y ait lieu de distinguer deux rédactions[2], une rédaction antérieure à 1297 et la rédaction de 2615: je me contenterai de dire qu'une famille de manuscrits inconnue, famille X devait contenir la rédaction antérieure à 1297 sous une forme plus pure encore que 2615.

1. Nat. de Wailly, *Examen de quelques questions relatives à l'origine des Chroniques de Saint-Denis*, dans *Mém. de l'Académie des Inscript.* t. XVII, 1re partie, 1847, pp. 396, 401, 402.

2. Je ne distingue pas deux rédactions, car 2615 n'a pas même canonisé saint Louis; ce qui était si facile à faire. Ce détail paraît indiquer que 2615 ne constitue pas une rédaction distincte. On verra aussi que Joinville, dont le livre fut écrit avant 1314, s'est servi d'une rédaction extrêmement voisine de celle qui nous est parvenue par 2615; ceci nous conduit à affirmer qu'il a existé des manuscrits des Chroniques de Saint-Denis contenant le texte interpolé des enseignements et n'ayant pas cette mention : « Le XLVI (roi) ot non Phelippe le » Biau qui trespassa l'an de grâce MIII° et XIIII. »

Après avoir déterminé la position relative des rédactions de la Chronique de Saint-Denis contenues dans 2615 et dans Sainte-Geneviève[1], il me reste à examiner les chapitres de Joinville empruntés à la grande Chronique de Saint-Denis, chapitres qui renferment le texte des Instructions de saint Louis à son fils.

Joinville nous apprend qu'il s'est servi d'un « romant », c'est-à-dire d'un ouvrage en français, et ce « romant » n'est pas autre chose qu'une rédaction des Chroniques de Saint-Denis. Sur ce point, je me trouve en parfait accord avec M. Natalis de Wailly : mon illlustre adversaire a cru s'apercevoir que j'étais d'un autre avis[2] : c'est une erreur que je ne m'explique pas. Aurais-je, par inadvertance, écrit quelques lignes[3] d'où on pût conclure que Join-

1. Primitivement le manuscrit de Sainte-Geneviève contenait une histoire de saint Louis différente de celle qui s'y trouve aujourd'hui et dont je viens de m'occuper. La rédaction originairement insérée dans le manuscrit de Sainte-Geneviève devait se rattacher étroitement à Primat. Conf. Paul Meyer, *Documents manuscrits de l'ancienne littérature de la France conservés dans les bibliothèques de la Grande-Bretagne*, Paris, 1871, p. 22.

2. M. de Wailly, *Joinville et les enseignements de saint Louis*, p. 20.

3. Bien loin de contester sur ce point l'opinion de M. de Wailly, j'ai écrit en toutes lettres : « Joinville a emprunté le texte C 5 et plusieurs chapitres de son histoire de saint Louis à un ouvrage en langue vulgaire qu'il désigne lui-même sous le nom de *romant*. *Cet ouvrage ne peut guère être autre chose, suivant la conjecture de M. de Wailly, qu'une ancienne chronique de St-Denis.* » Ce qui suit dans ma dissertation aurait-il donné le change à M. de Wailly ? Après avoir exprimé cette pensée que Joinville a dû se servir d'une grande Chronique de St-Denis, voici la marche que je suis dans ce travail : je me demande si quelque indice nous permet de supposer que l'on conservât à St-Denis depuis une époque très-voisine de la mort de saint Louis un texte contenant les passages litigieux : si ce fait venait à se dégager, mes critiques précédentes n'en seraient-elles point affaiblies ? J'examine donc cette hypothèse et je fais voir qu'elle n'est nullement fondée, puisque la rédaction la plus ancienne des Chroniques de Saint-Denis, aujourd'hui perdue, celle qui se rattache à Primat, ne pouvait pas légitimement contenir le texte litigieux, Primat lui-même ne le contenant pas. Ma conclusion est celle-ci : le plus ancien texte (aujourd'hui perdu) des Chroniques de Saint-Denis ne contenait pas les passages litigieux. Je laisse au lecteur le soin d'ajouter : puisque Joinville s'est servi d'une rédaction des Chroniques de Saint-Denis et que son texte contient les passages litigieux, c'est que la rédaction consultée par lui n'était pas la plus ancienne (celle qui se rattache à Primat). Dès lors, ce fait que le texte litigieux nous vient des Chroniques de Saint-Denis n'est plus de nature à m'inquiéter sur la valeur de mes conclusions, puisque ces Chroniques ne le contenaient pas originairement. (*Bibl. de l'École des chartes*, VI⁰ série, t. V, pp. 147, 148.)

Tel est le sens de ce que j'écrivais en 1869. C'était pousser trop loin le scrupule que de me préoccuper de ce détail : alors même que les plus anciennes Chro-

ville a utilisé un autre ouvrage que les Chroniques de St-Denis?
S'il en était ainsi, ce qui me surprendrait beaucoup, je n'hésite-
rais pas à me rétracter.

Sans aucun doute Joinville s'est servi d'une grande Chronique
de Saint-Denis : je retrouve dans des notes déjà vieilles de quatre
ou cinq ans une dissertation où je m'efforçais de prouver que
Joinville n'a pas consulté deux auteurs différents, Nangis et les
Grandes Chroniques, mais un seul texte, celui des Grandes Chroniques. Joinville, disais-je, parle d'*un* roman consulté par lui,
un roman et non *deux* romans ; mais les passages qu'il a
empruntés à quelque source étrangère se retrouvent tous dans
les Chroniques de Saint-Denis, tandis que plusieurs de ces passages ne figurent pas dans Nangis. D'où cette conclusion néces-
saire : Joinville n'a pas utilisé Nangis et la Grande Chronique,
mais simplement la Grande Chronique. Ce premier point établi,
je comparais dans Joinville et Sainte-Geneviève les chapitres
communs et je constatais des différences secondaires intéres-
santes, qui me permettaient d'affirmer l'existence d'une rédaction
des Grandes Chroniques antérieure pour le règne de saint Louis
à la rédaction de Sainte-Geneviève et mise à profit par Joinville.
Je n'allais pas plus loin : je signalais une rédaction de la Chronique de Saint-Denis qui avait eu cours au temps de Joinville ;
mais cette rédaction existait-elle encore dans nos bibliothèques?
Je l'ignorais absolument.

niques de Saint-Denis contiendraient le texte litigieux, ma démonstration n'en
serait pas affaiblie. La rédaction que je signale aujourd'hui est-elle plus ancienne
ou plus récente que la rédaction perdue qui se rattachait à Primat? Je l'ignore
et ceci n'importe pas à ma thèse ; ce qui m'intéresse, c'est de constater que ni la
rédaction des Grandes Chroniques remontant à Primat (branche perdue), ni la
rédaction remontant à Nangis ne pouvaient contenir par Primat ou par Nangis le
texte litigieux, puisque Primat et Nangis ne le donnent pas.

Lorsque je parle d'une rédaction perdue des Chroniques de Saint-Denis se
rattachant à Primat, j'entends tout simplement signaler le texte qui, originairement, figurait dans le ms. de Sainte-Gen.viève et qui était annoncé par ces
vers bien connus :

> Phelippes, rois de France, qui tant les renomez
> Je te rent le romanz qui des rois est romez.
> Tant à cis travaillié qui Primaz est nomez
> Que il est, Dieu merci, parfaiz et consummez.

Ce texte était-il arrangé d'après Primat ou bien n'était-il autre chose que la
rédaction pure et simple de Primat? Je l'ignore ; en ce dernier cas, il ne faudrait
plus traiter cette rédaction de rédaction perdue. Je lui donne ce qualificatif à
cause du doute qui subsiste à cet égard.

Depuis lors, j'ai été assez heureux pour mettre la main sur une rédaction extrêmement voisine de celle qui a été utilisée par Joinville, je veux parler de la rédaction de 2615. A divers points de vue, cette trouvaille n'est pas sans intérêt : si on compare 2615 avec l'édition de Joinville donnée par M. de Wailly, on appréciera tout d'abord avec quelle sûreté, avec quelle justesse, avec quelle précision minutieuse le savant éditeur est parvenu à restituer le texte primitif de Joinville : ce qui frappe le plus, en effet, c'est l'accord du manuscrit en question avec le texte restitué par M. de Wailly. Mais cette conformité n'est pas et ne pouvait être absolue : notre manuscrit fournit même quelques leçons évidemment plus pures que celles de Joinville. Est-ce à dire qu'il soit possible de corriger le texte actuel de Joinville à l'aide de notre chronique? Problème d'une extrême ténuité : voici en effet la question qui se posera à l'occasion de chacun des passages où notre manuscrit est évidemment supérieur à Joinville : La leçon défectueuse est-elle imputable soit à Joinville lui-même, soit au manuscrit dont il s'est servi? En ce cas elle devra être maintenue dans le texte (la bonne leçon indiquée seulement en note). Est-elle, au contraire, imputable aux copistes des manuscrits de Joinville? Elle devra disparaître dans une édition critique et céder la place à l'expression correcte. Je me contente de signaler ce problème, mais j'en abandonne la solution au critique éminent qui est mieux que tout autre en mesure de le résoudre[1].

Je reprends donc en main le manuscrit fr. 2615 et j'appelle l'attention sur divers passages qui prouvent que 2615 se rattache étroitement à la rédaction consultée par Joinville, tandis que Ste-Geneviève s'en écarte en mainte circonstance : je signale aussi

---

1. Ce fait général, à savoir que Joinville s'est servi d'une Chronique de Saint-Denis et non pas directement de Guillaume de Nangis, n'est pas contesté entre M. de Wailly et moi : il est donc inutile de développer ce point. Je relève un détail qui confirme cette opinion. Guillaume de Nangis, racontant la mort de saint Louis, s'exprime ainsi : « Et quant ce vint à l'eure de la mort, li tres-bons crestiens Loys, roys de France, se coucha en maniere de crois en 1 lit tout couvert de cendre, et illuec rendi l'esperit à Nostre-Seigneur. » (Bouquet, XX, p. 461.) Après le mot *cendre*, 2615 intercale ces mots : « il mist sa main sus sa poitrine en regardant vers le ciel. » Joinville n'a pas copié Nangis, mais une grande Chronique de Saint-Denis, car il a admis cette incise : toutefois Joinville n'écrit pas *sa main*, mais *ses mains*. *Ses mains* paraît préférable à *sa main* ; c'est cette leçon qui devait figurer dans la première rédaction des Chroniques de Saint-Denis : elle a passé dans Sainte-Geneviève (fol. 373, verso).

plusieurs passages du même manuscrit qui, à des titres divers, présentent de l'intérêt pour la critique du texte de Joinville :

1°

Ms. fr. 2615, fol. 235 verso : « Li rois amoit toutes gens qui se metoient à Dieu servir et qui portoient habit de relegion : *ne nus ne venoit à lui qui fausist à avoir chevance de vivre.* »

Ce passage se retrouve dans Joinville et dans Ste-Geneviève; mais dans Sainte-Geneviève les mots soulignés font défaut : ils ont été conservés par Joinville.

2°

J'ai cité plus haut ce passage de 2615 : « En apres il provit les freres de Saint-Augustin et acheta la granche à un bourgois de Paris et toutes les apartenances, et leur en fist faire 1 moustier dehors la porte de Montmartre. » On sait que les mots « en apres il provit les freres de Saint-Augustin » manquent dans la rédaction de Sainte-Geneviève : par suite, ce paragraphe semble concerner les frères du Carme dont il a été question précédemment, et non les frères de Saint-Augustin. Cette confusion n'existe pas dans Joinville qui porte très-exactement : « Et apres il pourveut les freres de Saint-Augustin, et leur acheta, etc. [1] ».

3°

Ms. fr. 2615. Fol. 235, recto.	Joinville, ch. CXLII, édit. Nat. de Wailly, Paris, Renouard, 1868, p. 256.	Sainte-Geneviève. Fol. 359, recto.
Des le tems de s'enfance, fu li rois piteus des povres et des soufraitoux; *acoustumé avoit li rois* partout où il aloit que VI^{xx} povres fussent tous jours repeut en sa maison de pain, de vin, de char ou de poisson, chacun jor. En quaresme et en l'Avent croissoit le nombre des povres ; pluseurs fois avint que li rois les servoit et metoit la viande devant eus, et leur trenchoit, et leur	Des le tens de s'enfance, fu li roys piteus des povres et des soufreteus ; et *acoustumei estoit que li roys,* partout où il aloit, que six vins povre fussent tout adès repeu en sa maison, de pain, de vin, de char ou de poisson, chascun jour. En quaresme et es auvens croissoit li nombres des povres; et plusours fois avint que li roys les servoit et lour metoit la viande devant ans., et	Des le temps de s'enfance, fu le roy piteus des povres et des soufreteus : *il avoit acoustumé* partout là où il estoit que VI vins povres fussent repeus [2] en son hostel chascun jour. En quaresme croissoit le nombre ; et souvent estoit que le roy les servoit et mettoit devant eus la viande, meesmement aus hautes vegilles des festes sollempnieus.

1. Edit. de 1868, Renouard, p. 259.
2. Manuscrit : *peus.*

Ms. fr. 2615.	Joinville, même édition.
donoit de sa propre main des deniers. Meesmement aus hautes vigiles des festes solempneux, il servoit *IIe povres* des choses dessus dites, avant qu'il mengast, ne ne beust.	lour donnoit au départir, de sa propre main, des deniers. Meismement aus hautes vegiles des festes sollempniex, il servoit ces *povres* de toutes ces choses desus dites, avant que il mangast, ne ne beust.

« *Acoustumé avoit li rois.* » Cette tournure de 2615 s'est changée en « *acoustumé estoit que li roys.* » La phrase de Joinville est certainement fautive, car ce sujet *li roys* y a perdu son verbe : primitivement *li rois* avait sa fonction naturelle dans la proposition ; c'était le sujet du verbe *accoustumé avoit.* *Accoustume avoit* qui appartient sans nul doute à la rédaction primitive se retrouve dans Sainte-Geneviève. En revanche, l'ensemble du paragraphe est extrêmement écourté dans ce dernier manuscrit ; d'ailleurs la rédaction de Sainte-Geneviève s'écarte le plus souvent de 2615 et de Joinville d'une manière très-sensible. Je me dispense dorénavant de toute réflexion à cet égard, je me contente de placer dans la troisième colonne le texte de Sainte-Geneviève, afin que le lecteur puisse juger par lui-même. *IIe povres.* Cette leçon de 2615 est exacte et conforme à Geoffroy de Beaulieu[1] qui sert ici (par l'intermédiaire de Nangis) de fonds primitif à la grande Chronique de St-Denis : *IIe povres* a donné dans Joinville par suite d'une mauvaise copie *ces povres.*

4°

Ms. fr. 2615. Fol. 235, recto et verso	Joinville, même édition, p. 258.	Sainte-Geneviève. Fol. 359, verso.
Et si fist fere li bons rois la meson de *Chartreuse* qui a non Vauvert ; et assigna rentes souffisaus aus moines qui ilec servent Nostre-Seigneur...	Et fist faire li bons roys la maison des *Chartriers*, au dehors de Paris, qui a nom Vauvert et assigna rentes souffisans aux moynes qui il-lec estoient, qui servoient Nostre-Signour...	Et si fist fere la neison de *Chartreuse* et donna aus freres qui servent iluec le souverain créateur rentes souffizans...
Et fist em plusieurs lieux de son roiaume pluseurs mesons de Beguines et leur donna rentes pour elles vivre, et commanda que l'on i receust celes qui voudroient faire *astinence* et vivre chastement.	Et fist en plusours lieus de son royaume maisons de Beguines, et lour donna rentes pour elles vivre, et commanda qui on y receust celles qui vourroient faire *contenance* à vivre chastement.	Avoec ce, il fist fere pluseurs mesons de Beguines parmi son réaume et leur fist mout de graces pour leur vivre, et commanda que ja nulle n'en feust escondite qui voudroit vivre chastement.

1. Geof. de Beaulieu, ch. XIX dans Bouquet, XX, pp. 11, 12. Conf. Guill. de Nangis, *ibid.* pp. 406, 407.

Chartreuse donné par 2615 est une leçon irréprochable. Dans Joinville, *chartriers* paraît étrange.

La leçon « *astinence et* vivre chastement » est évidemment préférable à celle de Joinville : « *contenance à* vivre chastement ». *Et* mal copié a donné *à :* une phrase très-claire et très-simple est devenue, par suite de cette faute de copiste, bizarre et invraisemblable.

5°

Ms. fr. 2615 Fol. 235 verso.	Joinville, ibid. p. 259.	Sainte-Geneviève. Fol. 359, verso.
Et faisoit servir à sa court aussi largement et courtoisement, et plus *habondaument* que l'en n'avoit fet lonc tems passé avoit, à la cour de ses devanciers.	Et fesoit servir si courtoisement à sa cour, et largement et *habandonnéement*, et plus que il n'i avoit eu lonc temps passei à la court de ses devanciers.	Et estoit sa court aussi largement servie comme elle fu onques el temps à ses devanciers.

Habondaument ne donne pas lieu à la moindre objection : *habandonnéement* paraît aller moins facilement au sens que *habondaument*.

6°

Manuscrit fr. 2615. Fol. 247, recto.	Joinville, ch. CXLVI, ibid., p. 267.	Sainte-Geneviève. Fol. 374, recto.
Et furent gardé ses os en 1 escring pour estre enfouiz en l'église de Saint-Denis en France, où il avoit esleu sa sepouture ; *et quel lieu,* quant *il furent enterré,* notre Sires fist moult de miracles, par les merites du bon roi.	Et furent sui os gardei en un escrin, et aportei, et enfoui à Saint-Denis en France, là où il avoit eslue sa sepulture, *ouquel lieu il fu enterrez, là où* Diex a puis fait maint biau miracle, pour li, par ses desertes.	Et furent ses ossemens aportez en France à saint Denys où il avoit esleu sa sépulture. En la place où il *fu enterres* et en pluseurs autres nostre Sires le tout puissant fist mout de biaus miracles et de grans, apertement par les fais et les mérites du bon roy.

Il furent enterré est préférable à *il fu enterrez ;* car les ossements de saint Louis furent portés à Saint-Denis, non pas son corps tout entier[1]. Nangis avait bien dit *il furent enterré*[2]. Le manuscrit consulté par Joinville pouvait contenir déjà cette expression inexacte *il fu enterré,* qui s'est introduite dans le texte même des Grandes Chroniques de France ; car on la trouve dans Sainte-Geneviève.

1. Voyez le texte de Primat cité par M. Meyer, *Documents manuscrits de l'ancienne littérature de la France conservés dans les bibliothèques de la Grande-Bretagne.* Paris, Impr. nat. 1871, p. 27, note 3.

2. Manuscrit fr. 23277, fol. 81 r°, Ms. fr. 4978, fol. 70 v°.

« *Ou quel lieu* il fu enterrez *là où* » est une tournure embarrassée bien inférieure à celle du manuscrit fr. 2815.

7°

Les passages suivants sont remarquables; le texte de Joinville s'y montre très-évidemment défectueux, les traces d'un arrangement un peu inconsidéré sont sensibles;

Saint Louis est sur son lit de mort; il invoque Monseigneur saint Jacques. Joinville s'exprime ainsi:

« Il apela les sains pour li aidier et secourre, et meismement Monsigneur saint Jaques en disant s' oroison, qui commence: *Esto, Domine*, c'est-à-dire : « Diex, soyez sainteflerres et garde de vostre peuple. » « Esto, Domine » ne veut pas dire : « Diex, soyez sainteflerres et garde de vostre peuple. » On peut donc, *à priori*, conjecturer que le texte de Joinville est ici abrégé. En effet, nostre manuscrit porte : « Ausi fu il oiz dire souventes fois le commencement de l'oroison Monseigneur saint Jaques l'apostre : « *Esto, Domine, plebis tue sanctificator et custos* », c'est-à- « dire Sire Diex, soiez sainteflerres et garde de vostre pueple. » Cette fois le texte est irréprochable.

Dans le même paragraphe, Joinville s'exprime ainsi : « Monsigneur saint Denis de France appela lors en s'aide, en disant *s'oroison qui vaut autant à dire* : « Sire Diex, donne-nous que nous puissons despire la prospérité de ce monde, si que nous ne doutiens nulle adversité. » Ces mots « *oroison qui vaut autant à dire* » ne supposent-ils pas que dans le texte primitif qui sert ici de canevas se trouvait d'abord la prière latine, puis la traduction du latin annoncée par cette formule « qui vaut autant à dire? » En effet, notre chronique s'exprime ainsi : « il ne cessoit d'apeler l'aide des sains à qui il avoit dévocion, mesmement de saint Denis de France qui est especial patrons as rois de France et disoit souvent une *oroison* qui est chantée le jour de la saint Denis, c'est assavoir : « *Tribue nobis, Domine, quesumus, prospera mundi despicere* [1] *et nulla ejus adversa formidare,* » *qui vaut autant à dire :* « Sire Diex, donez-nous la prosperité de ce monde despire et que nous ne doutons nulle adversité [2]. »

---

1. Dans le manuscrit *Despicem.*
2. Ms. fr. 2615, fol. 247, recto. Sainte-Geneviève a abrégé aussi, mais d'une

Le passage suivant, dans Joinville, a quelque chose d'étrange :

« Lors appela Monsigneur Phelippe son fil, et li commanda à garder, aussi comme par testament, touz les enseignemens que il li lessa, qui sont ci-après escrit *en françois,* lesquiex enseignemens li roys escrist de sa main, si comme l'on dist. »

Tout le livre de Joinville étant écrit en français, on est surpris de lui voir annoncer un texte des enseignements *en françois :* ce *en françois* est inutile et bizarre dans Joinville. D'où vient-il donc ? C'est un débris de la rédaction de Geoffroy de Beaulieu qui, avant d'être recueilli par Joinville, a passé par les intermédiaires de Guillaume de Nangis et des Grandes Chroniques. Beaulieu avait dit :

« Ante suam infirmitatem extremam scripsit *in gallico* manu sua salutaria documenta et catholica instituta, quæ filio suo primogenito reliquit[1]. »

On lit dans Nangis :

TEXTE LATIN.	TEXTE FRANÇAIS.
Qui sentiens sibi mortem imminere, convocato Philippo filio suo primogenito, eidem quasi pro testamento documenta salutaria et Catholica instituta, quæ ante infirmitatem suam extremam, tanquam Domino revelante, mortis propriæ conscius, manu sua *in gallico* scripserat, edidit in modum qui sequitur.	Lors appela Phelippe son ainsné fil, et li commanda à garder, aussi comme en testament, les enseigniemens qui ensuient, que il avoit escris de sa propre main pieça *en france (sic,* pour *en françois).*

On lit dans 2615 et dans Joinville :

Manuscrit fr. 2615, fol. 246, recto.	Joinville, édit. Nat. de Wailly, 1868, p. 263.
Lors apela Phelippe son fil et li lessa à garder, ausi comme pour testament, les enseignements qui s'en sivent, que il avoit pieça escris *tout en françois* de sa main.	Lors appela Phelippe son fil, et li commanda à garder, aussi comme par testament, *tous* les enseignemens que il li lessa, *qui sont ci-après escrit en françois,* lesquiex enseignemens li roys escrist de sa sainte main, si comme l'on dist.

Les Grandes Chroniques et les sources antérieures disent que

manière plus heureuse : il donne le texte latin des prières sans la traduction (fol. 373, v°) Conf. Nangis, dans Bouq., XX, p. 461.

1. Geoffroy de Beaulieu dans D. Bouquet, XX, p. 8.

saint Louis écrivit ces instructions *en françois :* renseignement intéressant, utile et tout particulièrement à sa place dans Beaulieu qui lui-même se sert de la langue latine. Ce petit mot n'a plus la même valeur et paraît bizarre dans le texte de Joinville « touz les enseignemens... qui sont ci-après escrit *en françois.* »

L'adjectif *touz* n'est pas non plus très-naturel dans Joinville : « *touz* les Enseignemens que il li lessa qui sont ci-après escrit en françois. » Le même mot se trouve déjà dans les Grandes Chroniques, et sans grande utilité : « que il avoit pieça escris *tout* en françois. » Au résumé, ce petit paragraphe s'est altéré en passant des Grandes Chroniques dans le livre de Joinville.

9°

Après avoir raconté la mort de saint Louis, Nangis, dans son texte latin, s'exprime ainsi :

« Sane super obitu tam Christiano tamque felici et *pium* est flere, et *pium* est gaudere. *Pium* quidem et condignum flere pro jactura et desolatione universalis Matris Ecclesiæ, etc. [1]. » Le texte français de Nangis, dans les 2 mss. que je consulte [2], donne *piteuse chose* comme traduction de *pium* [3]. Voici le texte français complet : « Sus lequel obit si *piteuse chose* est de plourer, et piteuse de li esjoir. *Piteuse chose* est et digne, de plourer le trespassement dou bon roy Loys, pour la perte de toute sainte Église. » Le manuscrit français 2615 reproduit l'expression *piteuse*. Dans les dernières éditions de Joinville, on lit : *précieuse,* corruption évidente de *piteuse.*

M. Corrard, en 1867, a déjà signalé comme défectueux ce passage de Joinville : le mot *précieuse* avait choqué cet esprit pénétrant auquel revient le mérite d'avoir aperçu le premier plusieurs difficultés du texte de Joinville. M. Corrard avait relevé aussi ce passage [4] : *conténance à vivre chastement,* passage que j'ai rapproché plus haut du manuscrit 2615 et que j'ai corrigé à

---

1. Nangis dans Bouquet, XX, p. 460.

2. Ms. fr. 4978, fol. 70, verso. Ms. fr. 23277, fol. 80, verso.

3. *Piteux,* au moyen-âge et encore au xvi° siècle, a le sens de *pieux* : faisans grans mélodies de doux chans et *piteus* (Grande Chr. de Saint-Denis, édit. Paulin Paris, t. IV, p. 258). Le mesme Loys dict le *Piteux* (Matthieu Zampini, *Des Estats de France,* [traduction française], Paris, 1588, p. 118.)

4. *Revue archéol. Observ. sur le texte de Joinville* par M. Ch. Corrard, Paris, 1867, pp. 18, 35.

l'aide de ce manuscrit. Pour certains mots, certains détails secondaires, Sainte-Geneviève est parfois conforme à Joinville, tandis que 2615 s'en écarte : ceci n'indique nullement que Joinville ait copié la rédaction de Sainte-Geneviève. Les rapprochements que j'ai déjà faits prouvent que la rédaction de 2615, dans son ensemble, se rapproche de Joinville beaucoup plus que Sainte-Geneviève, mais ceci n'empêche pas que çà et là un mot, une faute se retrouve à la fois dans Ste-Geneviève et dans Joinville[1], mais non dans 2615. Ces particularités caractérisaient certains manuscrits d'une rédaction extrêmement voisine de 2615; elles ont passé de là dans Joinville et dans Sainte-Geneviève.

10°

2615 fournit pour la partie apocryphe des enseignements de saint Louis une heureuse correction au texte de Joinville. Dans ce manusc. la première phrase du § 21 est ainsi conçue : « A ce dois metre t'entente que tes gens et tes sougiez vivent em pes et en dreiture desouz toi, mesmement les bonnes viles et les *communes* de ton roiaume; *et les garde* en l'estat et en la franchise où tes devanciers les ont gardez; » Joinville porte : « A ce dois mettre t'entente comment tes gens et ti sougiet vivent en paiz et en droiture desouz toy. Meismement les bones viles et les *coustumes* de ton royaume *garde* en l'estat et en la franchise où ti devancier les ont gardées[2]. »

Le mot *communes* qui va très-bien au sens et que Sainte-Geneviève a remplacé par un équivalent *bonnes citez* a été mal lu et a donné dans Joinville *coustumes*. Autre différence : 2615 arrête le sens après le mot *roiaume* et reprend : *et les garde*, etc. Joinville supprime le pronom *les* et construit ainsi la phrase : « meismement les bones viles et les coustumes de ton royaume *garde*, etc. » Comme Sainte-Geneviève reproduit la leçon « *et les garde* » je suppose que cette leçon est la tournure primitivement adoptée par le faussaire, et je pense que la phrase de Joinville est défectueuse.

Jusqu'à ce moment les seules différences que j'aie relevées entre Joinville et 2615 ne touchent qu'à la forme : ce sont de pures

---

1. On lit *précieuse* et non *piteuse* dans Sainte-Geneviève : c'est la même faute que dans Joinville.

2. Joinville, édit. Wailly, Renouard, 1868, p. 264.

variantes de manuscrit; et je pourrais, en m'arrêtant ici, résumer cette étude en disant que Joinville ∴ utilisé la rédaction des Chroniques de Saint-Denis terminée avant 1297, rédaction que 2615 nous a conservée sous une forme extrêmement voisine de la forme primitive.

Mais cette conclusion serait insuffisante.

On connaît ce passage de Joinville :

« Et ainsi comme li escrivains qui a fait son livre, qui l'enlumine d'or et d'azur, enlumina lediz roys son royaume de belles abbaïes que il y fist, et de grant quantitei de maisons Dieu et de maisons des Preescheours, des Cordeliers et des autres religions qui sont ci-devant nommées [1]. »

Il est peu probable que ce paragraphe qui sent son clerc de très-loin soit dû au pieux mais très-laïque Joinville : cependant on ne le trouve pas dans 2615 : l'emprunt a donc été fait à une autre rédaction.

Je constate aussi qu'un chapitre sur la prévôté de Paris qui apparut plus tard dans les rédactions des Grandes Chroniques ne figure pas dans 2615 et se trouve dans Joinville. Joinville a donc consulté autre chose que la rédaction de 2615.

Ce récit relatif à la prévôté apparaît dans les meilleures éditions de Joinville d'une manière très-étrange à la suite du chapitre CXL. Le chapitre CXL reproduit le texte d'une ordonnance célèbre de Louis IX pour la réforme du royaume : mais l'ordonnance n'y est pas entièrement transcrite; les derniers mots rapportés sont ceux-ci : « Affin qu'il puissent respondre aus nouviaus bailliz, pour ce que il auroient mesfait contre ceus qui se vourroient pleindre d'aus. »

Suit une courte réflexion ainsi conçue : « Par cest establissement amenda mout li royaumes. » Après quoi intervient le récit relatif à la prévôté de Paris qui forme le chapitre CXLI.

Ce récit terminé, l'ordonnance incomplètement transcrite reprend tout à coup sans aucun préambule et de la façon la plus inattendue : « En toutes ces choses que nous avons ordenées pour le proufit de nos sougiez et de nostre royaume, nous retenons à nous pooir d'esclarcir, d'amender, d'ajouster et d'amenuisier, selonc ce que nous aurons conseil. » Puis la réflexion déjà faite à la fin du chapitre CXL, mais cette fois plus développée et plus

_____

[1]. Joinville, édit. Nat. de Wailly, 1868, p. 267.

complète : « Par cest establissement amenda mout li royaumes de France, si comme plusour saige et ancien tesmoignent[1]. »

Pourquoi donc cette coupure dans le texte de Joinville? D'où vient cette perturbation singulière? La réponse se présente tout naturellement à l'esprit, si on observe que 2615 ne contient pas le chapitre sur la prévôté. Il est évident que ce chapitre a été intercalé d'une manière maladroite après l'ordonnance pour la réforme du royaume; une note mal comprise par un copiste, un renvoi mal mis ont fait couper en deux l'ordonnance de saint Louis. Tout s'explique par ce fait que, primitivement, le chapitre sur la prévôté ne figurait pas dans la Chronique de Saint-Denis.

Mais Joinville a-t-il utilisé successivement deux rédactions différentes des Grandes Chroniques et maladroitement copié dans la seconde rédaction consultée par lui ce nouveau chapitre, ou bien n'a-t-il mis à profit qu'une seule rédaction très-voisine mais distincte de 2615, distincte puisque le chapitre sur la prévôté y aurait été intercalé, précisément sous la forme bizarre que nous connaissons? Je ne me sens pas en mesure de trancher cette question ; il me suffit d'avoir proposé une explication qui paraît rendre compte de la disposition étrange qu'affectent les chapitres CXL et CXLI de Joinville; cette explication garde la même valeur, que l'intercalation maladroite ait été faite par Joinville ou par un des rédacteurs des Grandes Chroniques.

Après avoir soulevé le problème difficile de l'intercalation du ch. CXLI sur la prévôté, je m'aperçois que la présence de ce chapitre dans Joinville pourra donner lieu à une objection contre l'authenticité du texte de cet historien. Voici le raisonnement qu'on sera tenté de faire : Joinville, dira-t-on, a copié une rédaction des Grandes Chroniques, terminée pour le règne de saint Louis avant 1297. Cette rédaction ne contenait pas le chapitre sur la prévôté. Transcrite après la mort de Philippe-le-Bel, dans le manuscrit fr. 2615, cette rédaction ne s'était pas alors enrichie de ce chapitre additionnel. Mais l'ouvrage de Joinville a été dédié en 1309 à Louis, fils de Philippe-le-Bel. Il ne devait donc pas renfermer encore le chapitre sur la prévôté qui ne fut intercalé dans les Chroniques de Saint-Denis qu'après 1314. Si, en fait, ce chapitre figure dans notre Joinville, c'est qu'il y a été ajouté

1. Joinville, édit. Wailly, Renouard, 1868, pp. 254, 255, 256.

après coup par un interpolateur; l'insertion bizarre et maladroite de ce chapitre dans Joinville vient corroborer cette supposition.

A première vue, le raisonnement paraît concluant; mais voici la réponse : si, après le 29 novembre 1314, un scribe a copié une rédaction des Chroniques de Saint-Denis qui ne contenait pas encore le chapitre de la prévôté, d'autres rédactions pouvaient circuler déjà depuis plusieurs années, qui contenaient ce chapitre, et Joinville, avant 1309, a pu avoir connaissance d'une de ces rédactions.

Je ne m'arrête donc pas à cette objection : si je l'ai indiquée, c'était pour déclarer que je n'incline pas à la considérer comme fondée. Il me reste à dire comment j'ai pu, sans contester le texte de Joinville, attaquer et déclarer apocryphes quelques fragments qui figurent dans le texte de notre historien : ce véridique auteur, parlant des emprunts qu'il a faits à une source étrangère, s'exprime ainsi : « Et les autres choses qui y[1] sont escriptes, ne vous tesmoing que soient vrayes, parce que je ne les ay veues ne oyes. » Le bon sire de Joinville nous a donc octroyé lui-même le droit de contester certains passages de son livre, ceux qui sont extraits des Grandes Chroniques de Saint-Denis. Or le texte des *Enseignements* tel qu'on le lit dans l'histoire de Joinville provient évidemment des Grandes Chroniques de Saint-Denis; je puis donc, en toute sécurité, attaquer l'authenticité du texte des enseignements recueilli par Joinville sans nier que l'œuvre de cet historien nous soit parvenue telle qu'elle est sortie de sa plume.

Un dernier mot : la version des *Enseignements* recueillie par Joinville concorde (sauf des différences tout à fait secondaires) avec le texte de 2615, non pas avec celui de Sainte-Geneviève. Nous avons vu, d'autre part, que la rédaction de 2615 est antérieure à celle de Ste-Geneviève. Il n'est donc pas possible de considérer le texte des enseignements recueilli par Joinville comme une œuvre mixte dérivant tout à la fois de Beaulieu et de Sainte-Geneviève[2]. Le texte de Joinville est nécessairement antérieur à Sainte-Geneviève. Un examen intrinsèque des deux versions

---

1. J'adopte la correction proposée ici par M. Marius Sepet « qui y sont » au lieu de « qui n'y sont ». *Revue des Questions historiques*, 1er janvier 1873, p. 240. Conf. M. de Wailly, *Hist. de saint Louis* par Joinville, 1868, p. 270.

2. M. de Wailly, *Joinville et les Enseignements de saint Louis*, p. 20.

confirme ces vues : le texte des Enseignements tels que Joinville nous l'a transmis est beaucoup plus complet que celui de Sainte-Geneviève et contient un nombre moindre de passages apocryphes. Sainte-Geneviève, de date postérieure, est défiguré, mutilé et a reçu, enfin, une couche nouvelle d'interpolations. C'est ce que nous aurons lieu d'exposer avec plus de détails dans le chapitre suivant.

III. — Dernières réflexions sur le texte des Enseignements de saint Louis a son fils.

Nous voici en mesure de serrer de plus près l'histoire des interpolations dont a souffert le texte abrégé des Enseignements de saint Louis et de résoudre les difficultés secondaires qui pourraient encore subsister, difficultés qui, dans la pensée même de M. de Wailly, n'ont plus, j'ose l'espérer, la valeur d'une objection formelle, car, dès les premières pages de ce mémoire, nous avons été conduits à une solution qui s'imposait forcément à l'esprit.

Je viens de déterminer la situation relative de trois textes, savoir : manuscrit français 2615, Joinville, Sainte-Geneviève.

2615 contient pour le règne de saint Louis une rédaction des Chroniques de Saint-Denis terminée avant 1297.

Joinville s'est servi de cette rédaction ou d'une rédaction très-voisine.

Sainte-Geneviève est postérieur à 2615.

Or chacune de ces trois sources contient les enseignements qui sont l'objet de ce travail et chacune d'elles nous offre le texte que, dès à présent, j'ai le droit d'appeler texte abrégé interpolé; notre terrain d'étude est, on le voit, suffisamment préparé, et je puis aborder, de nouveau, le problème laissé un moment de côté.

Je me suis contenté de rappeler, dans le premier chapitre de ce travail, que M. de Wailly considérait Sainte-Geneviève comme un abrégé indépendant de Beaulieu, et je me suis efforcé de montrer que cet abrégé devait, au contraire, se rattacher nécessairement à Beaulieu : mais je n'ai pas dit encore pour quels motifs M. de Wailly distingue de la sorte Sainte-Geneviève et lui attribue un caractère particulier.

D'après mon éminent adversaire, Sainte-Geneviève, au lieu de se rattacher à l'abrégé de Beaulieu, remonte directement à l'ori-

ginal écrit en français par saint Louis, et voici pourquoi : Sainte-
Geneviève, dans le paragraphe 4, s'énonce en termes parfaitement orthodoxes, tandis que l'expression adoptée par les autres
abrégés implique une grossière erreur théologique[1]. Sainte-
Geneviève, dans le paragraphe 5, rend la pensée de saint Louis
plus exactement que l'abrégé français de Beaulieu[2]. Enfin, si on
compare en bloc Sainte-Geneviève aux autres abrégés, on remarque que Sainte-Geneviève, dans son ensemble, offre le texte le
plus court et renferme néanmoins des tournures plus longues que
les autres abrégés et même certains lambeaux de phrase qui
manquent partout ailleurs[3]. Or on ne doit pas supposer, poursuit
M. de Wailly, que l'abrégé qui visait à être le plus concis ait eu
pour type en tous ces passages plus développés un texte d'une
plus grande brièveté, c'est-à-dire l'abrégé de Beaulieu.

Tels sont les divers motifs qui paraissent isoler l'abrégé de
Sainte-Geneviève et qui ont déterminé M. de Wailly à lui recon-
naître une existence propre. J'ai retardé jusqu'à ce moment
l'examen direct de ces difficultés, parce que plusieurs d'entre
elles seront facilement résolues à l'aide du manuscrit 2615 que je
devais préalablement faire connaître au lecteur et parce que,
d'autre part, il me semblait utile de grouper ces objections : je les
aborde immédiatement dans l'ordre même où elles viennent d'être
exposées :

1re Difficulté. — Le paragraphe 4 est irréprochable au point
de vue théologique dans Sainte-Geneviève. L'expression adoptée
par les autres abrégés implique une grossière erreur théologique
que saint Louis n'avait pas commise. En effet, Beaulieu a résumé
en ces termes, dans le paragraphe 4, la pensée de saint Louis :

« Garde-toi de fere chose qui à Dieu desplese; c'est mortel
pechié[4]. »

Rédaction malheureuse, car les termes dont se sert ici l'abré-

---

1. M. de Wailly, p. 15.
2. M. de Wailly, pp. 16, 17.
3. M. de Wailly, pp. 16, 19 et *passim*.
4. Latin : « Debes te custodire ab omnibus quæ Deo noveris displicere, vide-
licet ab omni mortali peccato. »
Dans le grand texte non abrégé, les expressions de saint Louis sont très-
correctes : « Tu debes tibi cavere pro posse tuo ab omnibus de quibus credas
quod ei debeant displicere. Et specialiter debes habere istam voluntatem quod
tu non faceres peccatum mortale pro aliqua re quæ posset contingere. »

viateur permettent de supposer que le péché véniel ne déplaît pas à Dieu. L'expression est plus brève et plus vraie dans Sainte-Geneviève. « Garde-toi de fere pechié. » Cette circonstance prouve-t-elle que le rédacteur de Sainte-Geneviève ait eu entre les mains le texte original de saint Louis? Nullement; car l'erreur de Beaulieu est très-grossière et plus d'un copiste a dû être tenté de corriger de son autorité privée la rédaction fautive de Beaulieu. En effet, plusieurs textes[1] qui dérivent incontestablement de Beaulieu, sans présenter aucun caractère exceptionnel, ont, de même, amélioré cette rédaction. Tout récemment, M. Henri Martin qui, sans doute, n'a pas eu entre les mains l'original de saint Louis a su reconstituer facilement un texte orthodoxe[2]. Il n'y a donc aucune conclusion à tirer de cette circonstance que Sainte-Geneviève est ici orthodoxe tandis que Beaulieu et Nangis ne le sont pas.

2° Difficulté. — Le paragraphe 5 de Sainte-Geneviève rend la pensée de saint Louis plus exactement que l'abrégé français de Beaulieu.

En effet, voici la leçon de Gilles de Pontoise : Si Dominus Noster mittat tibi aliquam persecutionem, vel infirmitatis, vel aliam, tu debes benivole sustinere, et debes ei regratiari, et scire bonas grates. » Saint Louis recommande ici deux choses, d'abord souffrir patiemment l'adversité, puis en rendre grâces et en savoir bon gré, en d'autres termes se résigner et rémercier; à ces deux pensées distinctes correspondent deux degrés différents de la vie chrétienne. Geoffroy de Beaulieu (dans son abrégé français) jette ici quelque confusion en disant : « Sueffre la en bonne grace et en bonne patience. » Il est évident que les deux pensées de saint Louis ne sont pas ici distinguées et coordonnées comme elles le sont dans le grand texte. Au contraire, cette double condition est remplie dans le texte du manuscrit de la Bibliothèque Sainte-Geneviève : « Reçoif lei en bonne patience, et en rent graces à Nostre Seigneur[3]. »

1. Ms. Saint-Victor 886, fol. 213 et suiv. Ms. de la Bibliothèque Sainte-Geneviève RF 20. Ce manuscrit contient le texte des Enseignements à la suite du traité de Pierre Martini sur l'*Erudition et enseignement des enfans des nobles : ce* texte des enseignements de saint Louis dérive évidemment de Beaulieu, mais il est rajeuni et retouché. Ou s'est appliqué notamment à donner à chaque paragraphe la rime *ras : meneras, deffendras, estudiras,* etc.

2. *Hist. de France,* t. IV, édit. de 1839, p. 582.

3. Conf. M. de Wailly, *Joinville et les enseignements de saint Louis à son*

Qu'en conclure en faveur de l'originalité de Sainte-Geneviève?
Absolument rien, car le texte de Nangis qui dérive incontestablement de Beaulieu porte aussi : « Sueffre-le en bonne patience et
en renz graces à Dieu; » tournure irréprochable que nous retrou-
vons non pas dans l'abrégé français, mais dans l'abrégé latin de
Beaulieu : « Præter·a si tibi Dominus aliquam tribulationem
habere permiserit, benigne, et cum gratiarum actione debes sustinere. »

Ainsi cette observation ne tend pas à justifier les passages
contestés, car elle ne prouve rien en faveur de l'originalité de
Sainte-Geneviève[1].

Avant de passer à la troisième difficulté que j'aurai tout à

fils, pp. 16, 17.

1. Laissant un moment de côté l'objet de ce débat, je puis me demander si ce
détail n'est pas de nature à ébranler une opinion que j'ai émise en 1869 sans
l'avoir peut-être suffisamment mûrie. « Il est impossible, ai-je écrit, de ne pas
être frappé de l'originalité de style des textes abrégés français. On s'explique-
rait difficilement qu'ils fussent le résultat d'une traduction. » Comme, d'autre
part, tous les abrégés se rattachent à Beaulieu, si je voulais rester fidèle à cette
pensée qu'aucun abrégé français (excepté J. du Vignay) n'est le résultat d'une traduction, je serais forcé de faire dériver tous les abrégés non pas du latin, mais
du français de Beaulieu. Or voici la difficulté : Beaulieu dans son texte latin
reproduit exactement la pensée exprimée par saint Louis dans le § 5; il la reproduit confusément dans son abrégé français. Comment donc d'autres abrégés
français dérivés de Beaulieu et qui ne seraient pas le résultat d'une traduction
du latin en français pourraient-ils redevenir exacts ? Mais Nangis français, 2615,
Joinville et Sainte-Geneviève sont exacts. Cette circonstance ne m'oblige-t-elle
pas à renoncer à mon opinion première et à cesser d'apercevoir dans tous les
abrégés français un langage original non traduit du latin ? Telle est aujourd'hui
la véritable portée de l'objection dont je m'occupe en ce moment : ainsi comprise
la difficulté en question est tout aussi embarrassante pour M. de Wailly que
pour moi-même ; en effet, mon éminent adversaire paraît tenir à cette pensée
que tous les abrégés français (sauf Primat traduit en français par J. du Vignay)
sont originaux et ne dérivent pas du latin de Beaulieu.

Nous avons l'un et l'autre deux moyens de sortir de cette impasse : le premier
et le plus simple, c'est l'abstention; nous·cesserons de nous prononcer sur ce
problème délicat; nous considérerons alors tous les abrégés secondaires comme
dérivant de Beaulieu, sans dire s'il s'agit du latin ou du français de Beaulieu,
sans même décider si le français de Beaulieu est ou n'est pas lui-même une traduction du latin de Beaulieu ou *vice versa;* dans le cours de ce travail, je m'en
suis tenu à cette réserve prudente. Le second moyen qui nous est offert pour
sortir de notre embarras est de supposer un texte français de Beaulieu, prototype
du texte actuel; de ce texte *princeps,* aujourd'hui perdu, dériveraient, d'une
part, le texte français actuel de Beaulieu, d'autre part le texte français de Nangis, et par Nangis les Grandes Chroniques de France.

l'heure à étudier, je crois devoir présenter ici une observation
générale à laquelle j'attache de l'importance et que j'ai déjà indiquée au début de ce mémoire. A l'occasion du paragraphe 5,
M. de Wailly constatant une divergence entre les textes français
des Enseignements n'hésite pas à déclarer que saint Louis avait
exprimé telle pensée et non pas telle autre : la question est de
savoir si l'expression employée par saint Louis était voisine de
« Sueffre la en bonne grace et en bonne patience » ou si elle se rappro-
chait plutôt de « Recoif lei en bonne patience et en rent graces a
Nostre Seigneur. » Aux yeux de M. de Wailly comme aux miens,
la seconde tournure répond sans doute beaucoup mieux à la
pensée du bon roi que la première; mais comment M. de Wailly,
étant donnée la position relative qu'il assigne aux divers textes,
a-t-il pu se faire à lui-même cette conviction? Je ne crois pas trop
m'avancer en lui prêtant ce raisonnement : Pour la première
pensée « Sueffre la en bonne grace et en bonne patience, » nous
avons le français de Beaulieu, soit une autorité; pour la seconde,
on peut invoquer Gilles de Pontoise, une autorité; le latin de
Beaulieu, une autorité; Grandes Chroniques, une autorité. Total:
trois sources contre une en faveur de la tournure préférée. Le
raisonnement est irréprochable : mais si ce mode de supputation
des sources est légitime, il doit être employé aussi bien contre que
pour les Grandes Chroniques; or si on compte de la même
manière les autorités à l'occasion des divers passages contestés,
on sera forcé de conclure cette fois contre les Grandes Chroniques,
c'est-à-dire contre les passages suspects : on aura, en leur faveur,
une autorité, les Grandes Chroniques; contre, deux autorités,
Gilles de Pontoise et Beaulieu, latin et français. Total : un contre
deux (je me contente de ce chiffre deux au lieu de trois, parce
qu'ici le latin et le français de Beaulieu concordent; il est plus
naturel de les compter pour une seule autorité).

Ainsi, en faisant abstraction de tout ce qui a été dit dans le
chapitre premier de cette étude, en assignant aux divers textes
la valeur relative que leur attribue M. de Wailly, on serait
encore autorisé à suspecter les passages incriminés et même on
devrait les rejeter formellement si on les traitait d'après les prin-
cipes que M. de Wailly[1] paraît avoir appliqués au paragraphe 4.

---

1. L'opinion que je combats admet bien, comme je le suppose, trois sources
distinctes : Gilles de Pontoise, Beaulieu, Sainte-Geneviève et non pas deux seu-

3° Difficulté. — Sainte-Geneviève offre des lacunes nombreuses qui lui sont particulières. Cette circonstance ne contribue-t-elle pas à isoler Sainte-Geneviève et ne nous invite-t-elle pas à lui assigner une filiation distincte?

En aucune manière, car 2615 qui contient la plupart des passages incriminés et qui est antérieur à Sainte-Geneviève n'offre aucune de ces lacunes.

En 1869, j'ai comparé les versions diverses de plusieurs paragraphes des Enseignements de saint Louis; M. de Wailly signale quatre cas où j'ai oublié de dire que le paragraphe dont je m'occupais manquait entièrement dans Sainte-Geneviève : c'est ainsi que, me donnant le change à moi-même j'aurais méconnu le caractère original de Sainte-Geneviève; mais si ces paragraphes manquent dans Sainte-Geneviève, ils figurent tous dans la source d'où dérive Sainte-Geneviève, c'est-à-dire dans le manuscrit français 2615. L'observation de M. de Wailly perd donc aujourd'hui de son importance; mais si elle n'infirme pas la thèse que j'ai soutenue, elle garde toute sa force contre la bonne exécution de mon mémoire; je reconnais volontiers qu'en omettant de signaler ces défectuosités de Sainte-Geneviève, je manquais au devoir de la critique. La valeur de 2615 n'étant pas alors reconnue, cet oubli était très-grave.

Je m'explique difficilement cette omission quand j'examine les notes que j'avais alors réunies; j'y constatais les lacunes de Sainte-Geneviève et elles me servaient à établir la supériorité et l'antériorité du texte des Enseignements conservé par Joinville, texte auquel j'avais donné pour indiquer cette pensée le n° 5, réservant la dernière place à Sainte-Geneviève (C 6).

Les difficultés une fois levées, celles dont j'ai encore à m'occuper demeurent isolées; isolées, elles n'ont plus, comme on le verra, aucune importance; et, même, ce qu'on pouvait, à la rigueur, faire valoir en faveur de Sainte-Geneviève se retourne forcément contre ce manuscrit.

4° difficulté. — Sainte-Geneviève offre des tournures plus longues que les autres abrégés et, toutefois, dans son ensemble, il

lement; 1° Gilles de Pontoise, d'où serait dérivé Beaulieu; 2° Sainte-Geneviève. En effet, M. de Wailly, dans des cas où Sainte-Geneviève, à cause de ses lacunes, ne fournit aucun élément à la critique, corrige Gilles de Pontoise à l'aide de Beaulieu (§ 17 et 24). Beaulieu a donc, aux yeux de M. de Wailly, toute la valeur d'une autorité distincte.

est plus court que ces abrégés. Sainte-Geneviève contient quelques phrases qui manquent ailleurs et n'ont pas été comprises parmi les passages argués de faux.

Si Sainte-Geneviève est plus court dans son ensemble que les autres abrégés, on en sait la raison; ceci s'explique par des lacunes qui ne déparaient pas encore 2615. Quant aux tournures plus longues, M. de Wailly les a lui-même caractérisées en ces termes : le nombre des mots y augmente sans rien apprendre de plus au lecteur, l'expression employée par Geoffroy de Beaulieu s'y allonge sans nécessité pour le sens [1]. Pareils traits prouvent seulement l'infériorité, non pas le caractère original de Sainte-Geneviève. M. de Wailly a relevé, p. 16, ces diverses tournures; l'un de ces allongements figurait déjà dans 2615, c'est celui du paragraphe 26; dans ce paragraphe Beaulieu avait employé cette expression : *personnes bonnes et dignes*. 2615 a substitué ces mots : « *bonnes personnes et de nete vie*, » et Ste-Geneviève a mis : «*bonnes personnes qui soient de bone vie et de nete*. » Les autres tournures allongées apparaissent pour la première fois dans Sainte-Geneviève; ce qui prouve une seule chose, c'est que Sainte-Geneviève est inférieur à 2615. Ainsi l'infériorité de Sainte-Geneviève vis-à-vis de 2615 résulte déjà pour nous : 1° des lacunes spéciales à Sainte-Geneviève; 2° des allongements superflus de Sainte-Geneviève. Mais nous n'avons pas encore parlé d'une troisième cause d'infériorité. Sainte-Geneviève contient un certain nombre de phrases qui manquent partout ailleurs, même dans 2615 et dans Joinville. Ces phrases, si je ne les ai pas mentionnées dans mon précédent mémoire, ne sauraient plus m'être opposées comme constituant en faveur de Ste-Geneviève un caractère original, car elles sont elles aussi en question et j'ai eu soin d'envelopper dans la même condamnation toute phrase, tout mot, toute nuance de pensée apparaissant dans un abrégé dérivé de Beaulieu et dans Gilles de Pontoise.

La présence de ces phrases dans Sainte-Geneviève prouve que ce texte a subi une seconde couche d'interpolations qui ne défiguraient pas encore 2615. A cette seconde couche appartiennent, notamment : ces mots du paragraphe 32 « tien en grant vilté Juis; » cette phrase du paragraphe 30 « De ceus de ton ostel enquier plus souvent que de nul autre s'il sont trop convoiteus

1. M. de Wailly, p. 16.

ou trop bobencier; car selonc nature, les membres sont volentiers de la maniere du chief, c'est à savoir quand li sires est sages et bien ordenez, tuit cil de son hostel i prennent example et en valent miex. » Cette phrase me paraît un développement oratoire de ces mots déjà interpolés dans 2615 « et ce il a en eus vice de trop grant convoitise, ou de fausseté, ou de tricherie. »

Les paragraphes 27 et 28 offrent des traces d'un procédé analogue : ces paragraphes non interpolés dans 2615 sont ainsi conçus : « Garde-toi d'esmouvoir guerre sanz grant conseill contre home crestien. Et si le te convient faire, si garde sainte Eglise et ceus qui riens n'i ont forfet. » Dans Sainte-Geneviève, on lit : (je souligne les interpolations) : Garde-toi de mouvoir guerre contre nul homme crestien, *s'il ne t'a trop forment meffet. Et s'il requiert merci, tu li dois pardonner et prendre amende si souffisant que Dieu t'en sache gré.* » Ces mots *s'il ne t'a trop forment meffet* ont été amenés dans Sainte-Geneviève par la suppression de ceux-ci qui figuraient encore dans 2615 : « Et si le te convient faire, si garde sainte Eglise et ceus qui riens n'i ont forfet. » La dernière phrase « *et s'il requiert,* etc., » est due purement et simplement à l'imagination du rédacteur.

Dans mon précédent travail je n'ai pas mentionné toutes ces interpolations ou plutôt toutes ces mauvaises variantes, car *interpolations* est un gros mot pour une petite chose. Mais je supposais que ces diverses phrases tomberaient d'elles-mêmes une fois ma thèse acceptée [1] et je n'en ai tenu aucun compte dans mon édition des *Enseignements*.

Je viens de passer en revue les principales difficultés qui pouvaient subsister encore; quant aux considérations accessoires que tout auteur fait valoir à l'appui d'une argumentation précise et rigoureuse, elles perdent leur valeur aux yeux mêmes de celui qui les a invoquées, le jour où la partie exclusivement critique et scientifique de la thèse est abandonnée; je ne m'attache donc pas à cette considération invoquée accessoirement par M. de Wailly [2]; Philippe-le-Bel et Charles V n'auraient pu recevoir dans leur bibliothèque un texte interpolé : or, 1° la Vie de saint Louis du manuscrit de Sainte-Geneviève a été dédiée à un roi de France

1. Je m'accuse, d'ailleurs, volontiers moi-même d'avoir été ici quelque peu négligent.
2. M. de Wailly, pp. 28, 29.

du nom de Philippe (que M. de Wailly pense être Philippe-le-Bel); 2° l'exemplaire des Grandes Chroniques du roi Charles V renferme le texte suspect et cet exemplaire du roi Charles V est copié sur Sainte-Geneviève[1]. Double motif pour rejeter l'opinion de ceux qui considèrent comme interpolés certains passages contenus dans ces deux manuscrits. Je remarquerai tout d'abord que la vie de saint Louis contenue aujourd'hui dans le manuscrit de Sainte-Geneviève n'est pas celle qui s'y trouvait à l'origine et qui fut dédiée à un roi de France du nom de Philippe; ce point a été mis en pleine lumière par M. Paul Meyer[2]; je ferai ensuite observer que si les deux exemplaires invoqués ont fait partie de la librairie des rois de France, si l'un et l'autre ont appartenu au roi Charles V, il n'en résulte légitimement aucune conclusion favorable au texte interpolé. En effet, si ces rois connaissaient le véritable texte des Enseignements, s'ils étaient en état de le distinguer d'un texte défectueux, on peut affirmer que leur attention ne s'est point portée sur le texte contenu dans les deux manuscrits en question, car, de l'aveu de tous, ce texte est non-seulement incomplet, mais gravement mutilé; les paragraphes les plus importants y sont omis. En ce qui concerne plus particulièrement Charles V, on peut affirmer que ce prince possédait[3] le grand texte AB : s'il n'a pas fait compléter à l'aide d'AB les lacunes considérables de C 6, c'est qu'il ne s'est jamais préoccupé du texte C 6. Il n'y a donc aucun profit à tirer contre nous de la présence du texte C 6 dans la librairie des rois de France. Je ne me prévaudrai pas de ce que le roi Charles V conservait dans sa bibliothèque les prétendus enseignements de saint Louis à sa fille la duchesse de Bourgogne[4], car je ne puis considérer comme une *fraude*, même comme une *fraude grossière* l'œuvre de cet inconnu qui écrivit les Enseignements de saint Louis à sa fille Agnès en les faisant précéder de ces mots : « Loys çai en ariés roys dou réaume de France... or an droit par le mérite de la mort Jhesu Crit coronez ou reaume dou ciel. » Ce n'est pas là une fraude; certes le rédacteur n'a voulu tromper personne.

Qu'on ne s'étonne pas de ces additions au texte original de

1. Bib. nat. ms. fr. n° 2813.
2. Paul Meyer, ouvrage déjà cité, p. 22.
3. Conf. Delisle, dans la *Bibl. de l'École des chartes*, VI° série, t. V, p. 535. Le manuscrit auquel je fais allusion appartient aujourd'hui à M. Toutain.
4. M. de Wailly, pp. 29, 30.

saint Louis et qu'on ne recherche pas savamment quel a été le but du faussaire ou plutôt des faussaires. Des ajoutés de cette nature sont assez fréquents au moyen âge : grâce aux circonstances toutes particulières de ce problème littéraire, nous pouvons ici les rejeter avec une entière certitude, mais le plus souvent la critique est réduite à les envisager comme des variantes douteuses. Des variantes de cette nature sont dues soit aux copistes, soit à ces rédacteurs successifs qui s'exerçaient tour à tour sur certaines œuvres très-répandues. Dans l'espèce qui nous occupe il est sensible que le rédacteur de Sainte-Geneviève a traité les Enseignements de saint Louis avec la même liberté, le même sans façon que l'ensemble des Chroniques de Saint-Denis; il a sensiblement modifié l'œuvre de ses prédécesseurs; mais cette œuvre toutefois reste parfaitement reconnaissable.

Nos mœurs littéraires ne tolèrent plus ces usages, au moins dans certains milieux; mais si on sortait de ces milieux élevés et si on descendait l'échelle des œuvres de l'esprit, ne pourrait-on pas constater que les libres procédés du moyen âge sont toujours en vigueur parmi nous? Ne verrait-on pas certains compilateurs populaires[1] corriger, abréger, ornementer le livre ou la légende traditionnelle avec la même tranquillité d'esprit que l'architecte modifie l'œuvre de son devancier? L'insertion de quelques phrases parasites dans le texte des Enseignements de saint Louis est sans nul doute un fait plus grave que l'arrangement d'une chronique ou d'un texte anonyme ; toutefois il n'a pas dû peser bien lourdement sur la conscience des faussaires.

La discussion me paraît épuisée, et je puis, encore une fois, résumer en peu de mots toute mon argumentation :

Si un auteur abrége un texte en retranchant de ce texte vingt ou vingt-deux passages, son abrégé se reconnaîtra toujours à l'absence de ces vingt ou vingt-deux phrases.

Or, Geoffroy de Beaulieu abrége de la sorte le grand texte des Enseignements de saint Louis. L'abrégé de Beaulieu se reconnaît donc facilement chez les divers compilateurs qui l'ont utilisé, notamment dans les Chroniques de Saint-Denis et dans Joinville.

Partout où l'abrégé de Beaulieu se représentera à nous enrichi non pas de l'un des passages du grand texte supprimés à l'ori-

---

1. On pourrait étudier à ce point de vue les légendes des gravures de Metz et d'Épinal, certains manuels de piété, divers recueils de prophéties.

gine, mais bien de quelques phrases manquant tout à la fois dans
Beaulieu original et dans le grand texte, nous devrons considérer
ces phrases comme parasites. Or c'est le cas des Chroniques de
France et de Joinville. Voilà toute ma thèse.

On jugera peut-être que j'ai traité beaucoup trop longuement
une question d'assez mince importance, qui occupe, à la vérité,
une place considérable dans le savant mémoire de mon éminent
adversaire, mais y joue un rôle tout à fait secondaire. Je m'excu-
serai brièvement auprès du lecteur.

En premier lieu, j'ai cru qu'il était utile de déterminer avec
précision quels conseils saint Louis laissa en mourant à son
fils aîné. Si on jette un regard sur les passages apocryphes que
je groupe ci-après en appendice, on remarquera à côté de pensées analogues à celles qui sont exprimées dans le texte authen-
tique quelques passages très-importants sur les communes, sur
les barons, sur la politique à suivre vis-à-vis des seigneurs féo-
daux qui devront être tenus en échec par le moyen des bonnes
cités et des bonnes villes. Il n'est pas indifférent à l'histoire politique de prononcer que saint Louis n'a pas donné ce conseil à son
fils; il n'est pas non plus indifférent pour l'appréciation du caractère de saint Louis de faire observer que, dans ces dernières et
suprêmes confidences du bon roi, ne figure pas un seul avis politique proprement dit. Ceux qui inclinent à supposer que saint
Louis a été mû le plus souvent non par ce que nous appelons
aujourd'hui une pensée politique, mais bien par une pensée forte
et constante de justice, ceux-là trouveront dans le texte authen-
tique des Enseignements de saint Louis un argument en leur
faveur. La politique, c'est-à-dire la recherche directe de l'utile
dans les rapports du gouvernement avec le peuple et dans les
relations internationales, appartient à un ordre de considérations
qui ne répugne pas à la notion élevée que nous nous faisons d'un
saint, mais qui ne contribue en aucune manière à constituer la
sainteté; la recherche exclusive et constante du juste et de l'équi-
table substituée aux vues humaines de la politique, n'est-ce pas
là au contraire, aux yeux de tous, aux yeux du philosophe
comme du chrétien, un degré éminent d'héroïsme dans la vertu?

Ces comparaisons arides de textes ne sont donc pas absolument
vaines : elles nous aident à reconstituer le testament spirituel[1] de

---

1. La phrase suivante de M. de Wailly nécessite de ma part un mot d'explica-

Louis IX; elles nous font pénétrer dans sa pensée intime; elles nous permettent, si j'ose ainsi parler, de lire dans son âme.

On voudra bien aussi se rappeler que ce travail m'a fourni l'occasion d'ajouter quelque chose à l'histoire critique des Grandes Chroniques de France et du texte de Joinville; mais je sens que mon excuse principale est ailleurs. Répondant à un adversaire dont le nom seul est une puissante autorité et dont les opinions scientifiques sont toujours solidement assises et fortement défendues, je ne pouvais me contenter d'une étude rapide et abrégée; j'avais contre moi les présomptions les plus légitimes et je ne devais négliger aucun moyen de porter la conviction dans les esprits.

J'ai cru pouvoir, en cette circonstance, prendre la parole après M. de Wailly, parce que nos maîtres les meilleurs, ceux qui aiment d'un amour sincère la vérité historique, ont toujours permis, ont toujours encouragé ces libres discussions, aussi M. de Wailly, dans son mémoire, appelle-t-il lui-même « toute espèce de contrôle et de critique » (p. 33). Si je suis dans le vrai, c'est que j'ai été assez heureux pour appliquer cette méthode rigoureuse dont M. de Wailly nous a donné lui-même tant d'exemples; et si je me trompe c'est qu'à mon insu, je me suis écarté de cette voie sûre, c'est que j'ai cessé un moment d'être disciple fidèle.

tion. J'admettrai, écrit M. de Wailly, que M. Viollet « (si ce détail ne lui avait pas échappé) aurait jugé, comme le P. Gros, qu'il faut rétablir dans le texte des Enseignements une phrase où saint Louis recommande à son fils d'être dévot envers l'Eglise et le Pape. » (De Wailly, p. 6.) On pourrait supposer à la lecture de ce passage que j'ai omis, dans mon édition des Enseignements, le conseil de saint Louis relatif au Souverain Pontife. Cette omission serait, de ma part, d'autant plus regrettable que je me suis appliqué tout récemment à faire voir que saint Louis montra toute sa vie une indépendance remarquable en face du clergé. Cet article devait donc naturellement attirer mon attention et, en le négligeant, j'aurais commis un étrange oubli : mais je n'ai pas à me reprocher pareille distraction; ce paragraphe figure dans l'édition que j'ai donnée des Enseignements de saint Louis. Si, dans mon article critique, je n'ai pas signalé l'omission de ce conseil dans plusieurs textes des Enseignements, c'est que je ne voyais aucun argument à tirer de cette circonstance.

APPENDICE.

I.

LISTE DES INTERPOLATIONS[1] DONT A SOUFFERT LE TEXTE DES ENSEIGNEMENTS DE SAINT LOUIS A SON FILS DANS 2615, JOINVILLE ET SAINTE-GENEVIÈVE.

Tout ce qui est imprimé en caractères italiques est considéré comme interpolé.

Manuscrit français 2615, fol. 246 et suiv.	Joinville, édit. Wailly, Renouard, 1868, p. 263-266.	Manuscrit de Sainte-Geneviève. L F 2 in-fol.
§ 10. *Maintien les bonne coustumes de ton royaume, et les mauvaises abesse; ne convoite pas seur ton menu peuple; ne ne charge de tates, ne de tailles, se ce n'est par trop grant necessité.*	§ 10. *Maintien les bones coustumes de ton royaume, et les mauvaises abaisse. Ne convoite pas sus ton peuple; ne ne le charge pas de toute, ns de taille, se ce n'est pour ta grant necessité.*	§ 10. *Fai les bonnes coustumes garder de ton réamme, et les mauvaises abesse; ne convoite pas seur ton pueple touies, ne tailles, se ce n'est pour trop grant besoing.*
§ 12. Rien.	§ 12. Rien.	§ 12. *Garde que cil de ton hostel soient preudomme et loiaus; et te souviegne de l'Escripture qui dit : Elige viros timentes Deum in quibus sit justicia et qui oderint avariciam, c'est-à-dire: aime gent qui doutent Dieu et qui font droite justice et qui héent convoitise; et tu profiteras et gouverneras bien ton réamme[2].*
§ 13. Garde que tu aies en ta compaignie preudommes et *loiaus qui ne soient pas plein de convoitise[2].*	§ 13. Garde que tu aies en ta compaignie preudomes et loiaus *qui ne soient pas plein de convoitise.*	§ 13. Rien.
§ 19. Se aucuns a afaire ou querelle contre toi, soies tousjours pour lui encontre toi, jusques à tant que l'en sache la vérité; car ainsi le jugeront ti conseillier plus	§ 19. Et se aucuns a action encontre toy, ni le croi pas (alius si fuis enquerre du fait) jeusques à tant que tu en saches la vérité; car ainsi le jugeront ti con-	§ 19. Se aucuns a entrepris querelle contre toi *pour aucune injure* injure ou pour aucun tort qu'il li soit avis que tu li faces, allegue contre toi tant que la

1. Je n'ai compris dans cette liste que les passages manquant à la fois dans AB et dans Beaulieu. Dans une édition des Enseignements je rejetterais ou je considérerais comme très-douteux certains mots, certaines tournures, qui ne rentrent pas dans cette catégorie et dont je n'avais pas à m'occuper ici.

Je ne signale pas les simples variantes de mot.

2. Je conserve, pour que les vérifications soient plus faciles, le numérotage de M. de Wailly, mais, en principe, je ne pourrais l'accepter. On voit qu'ici je rapproche à dessein les numéros 13 et 12 de M. de Wailly. Le § 12 ne figure que dans Sainte-Geneviève; je le considère comme un développement oratoire de quelques mots interpolés dans le paragraphe primitif auquel M. de Wailly a été forcé de donner le numéro 13.

Colonne 1

hardiement selonc vérité ou pour toi, ou contre toi[1].

§ 21. A ce dois metre t'entente que tes gens et tes sougiez vivent empes et en droiture desouz toi; mesmement *les bonnes viles et les communes de ton roiaume; et les garde en l'estat et en la franchise où tes devanciers les ont gardez; et se il i a aucune chose à amender, si l'amende et l'adresse et les tien en faveur et en amour. Car, par la force et la richesce de tes grosses villes, douteront li privé et li estrange à mesprendre envers toi, et espéciaument ti per et tes barons.*

§ 22. Aime et honeure toutes les personnes de sainte Eglise et *garde que l'en ne leur soustraie ne apetice les dons et les aumones que ti devancier leur auront fet et donnez*[2].

Colonne 2

seillier plus hardiement selonc vérité, pour toy ou contre toy.

§ 21. A ce dois mettre t'entente comment tes gens et ti sougiés vivent en paix et en droiture desouz toy. Meismement *les bones viles et les coustumes de ton royaume garde en l'estat et en la franchise où ti devancier les ont gardées; et se il y a aucune chose à amender, si l'amende et adresce, et les tien en faveur et en amour; car, par la force et par les richesces des grosses villes, douteront li privé et li estrange a mespendre envers toy, especialment ti per et li baron.*

§ 22. Honneure et aime toutes les personnes de sainte Esglise, et *garde que on ne leur soustraie, ne apetise leur dons et leur aumosnes que ti devancier leur auront donné.*

Colonne 3

vérité soit seue et commande à tes juges que tu ne soies de riens soustenuz plus que uns autres.

§ 21. A ce doiz-tu metre t'entente comment tes genz et ton pueple puissent vivre en pais et en droiture, meesmement *les bonnes villes et les bonnes citez de ton réamme; et les garde en l'estat et en la franchise où tes devanciers les ont gardez. Quar, par la force de tes bonnes citez et de tes bonnes villes, douteront li puissant homme à mesprendre envers toi. Il me souvient bien de Paris et des bonnes villes de mon réamme qui me aidierent contre les barons, quant je fui nouvellement couronné.*

§ 22. Aime et honneure sainte Eglise.

---

1. Ici une autre observation relative au § 20 que je n'ai pas dû faire figurer dans ce tableau; les mots : « Et se c'est chose douteuse, fai-le enquerre par saiges gens isnelement et diligentment » ne devraient pas figurer dans le texte du § 20, édit. Wailly, p. 51. Ils manquent dans le texte développé, fait observer M. de Wailly. En effet, cette petite phrase n'est autre chose que le résumé de ce passage plus long des grands textes « Et se c'est chose obscure dont tu ne puisses savoir vérité, etc. ». Je reconnais qu'à la rigueur ces deux phrases, au lieu de se remplacer l'une l'autre (c'est ainsi que je les comprends), peuvent être entendues comme se succédant l'une à l'autre (tel est le sens de M. de Wailly); mais je n'arrête pas à ce sens, à la rigueur, acceptable. Je ne puis voir dans ces mots : « Et se c'est chose douteuse, fai-le enquerre par saiges gens, etc. » autre chose que le résumé de Beaulieu.

2. J'ai répété à plusieurs reprises que les deux textes abrégés interpolés n'avaient rien emprunté au grand texte de la canonisation. Je dois cependant appeler l'attention sur cette phrase du manuscrit fr. 2615 que je considère comme interpolée : *garde que l'en ne leur soustraie*, etc.

Cette phrase, prise textuellement, manque à la fois dans le texte original du procès de canonisation et dans Beaulieu; mais, chose singulière, elle n'est pas sans affinité avec une pensée du texte original supprimée par Beaulieu : « *illas*

§ 27. Garde-toi d'esmouvoir guerre, sans grant conseil, contre home crestien.

§ 28. Et si le te convient faire; si garde sainte Eglise et ceus qui riens n'i ont forfét.

§ 30. Soies diligens d'avoir bons prévoz et bons bailliz et enquier souvent d'eus et de ceus de ton hostel comment il se maintiennent et se il a, en eus, vice de trop grant convoitise, ou de fausseté, ou de tricherie.

§ 32. (Ce passage n'est pas représenté).

§ 27. Garde-toy de esmouvoir guerre, sans grand conseil, contre home crestien.

§ 28. Et se il le te convient faire, si garde sainte Esglise et ceus qui riens n'i ont mesfait.

§ 30. Soies diligens d'avoir bons prevos et bons baillis, et enquier souvent d'aus et de ceus de ton hostel, comme il se maintiennent, et se il a, en aus, aucun vice de trop grant convoitise, ou de fausseté, ou de tricherie.

§ 32. (Ce passage n'est pas représenté).

§ 27. Garde-toi de mouvoir guerre contre nul homme crestien, s'il ne t'a trop forment meffet[1].

§ 28. Et s'il requiert-merci, tu li dois pardonner et prendre amende si souffisant que Diex t'en sache grd.

§ 30. Soies, biaus doux fiuz, diligenz d'avoir bons baillis; et enquier souvent de leur fet et comment il se contiennent en leur offices. Dé ceus de ton ostel enquier plus souvent que de nul autre s'il sont trop convoiteus ou trop bobencier. Car, selonc nature, les membres sont volentiers de la maniere du chief; c'est à savoir quand li sires est sages et bien ordenex, tuit cil de son hostel i prennent example et en valent miex.

§ 32. Et especialment tien en grant villé Juis[2].

II.

JOINVILLE A-T-IL TEXTUELLEMENT EMPRUNTÉ A GEOFFROY DE BEAULIEU UN PASSAGE DU CH. 139 DE L'HISTOIRE DE SAINT LOUIS?

Non seulement je crois avec M. de Wailly que Joinville s'est

defende ne in personis vel rebus earum injuria fiat vel violentia. »

Je considère ce fait comme une rencontre fortuite assez singulière.

On pourra peut-être faire valoir cette circonstance contre la thèse que je soutiens : je devais donc la signaler moi-même.

La phrase en question manque dans Sainte-Geneviève (§ 22).

1. J'ai dit plus haut d'où venaient ces mots : *s'il ne t'a trop forment meffet.*

2. Je considère la fin du § comme une simple variante de mot représentant cette pensée des abrégés non interpolés : *Et hérésie fui abatre à ton pooir.*

On n'a pas compris dans cette liste les phrases parasites transmises par des abrégés autres que 2615, Joinville et Sainte-Geneviève; mais ces phrases tombent sous le coup de la même condamnation. Le ms. fr. 25462, par exemple, nous offre un de ces passages qui a été ajouté au § 35. (Cf. M. de Wailly, p. 60, n. 5.)

servi des *Chroniques de saint Denis*, mais je professe cette opinion d'une manière plus absolue et plus exclusive.

Ainsi je ne pense pas que Joinville ait textuellement emprunté un court passage du ch. 139 à Geoffroy de Beaulieu (Joinville, édit. Wailly, 1868, p. 300); à mon sens, il y a ici, comme toujours, un intermédiaire entre Beaulieu et Joinville, savoir : la grande Chronique de saint Denis. Je rapproche ci-après sur trois colonnes parallèles : Beaulieu, le manuscrit français 2615 et Joinville : il est facile de constater que plusieurs phrases ou mots employés par Beaulieu disparaissent dans 2615 et que Joinville laisse, à son tour, tomber plusieurs expressions de 2615, sans jamais rien reprendre à Beaulieu. Je place Beaulieu dans la 1re colonne, 2615 dans la seconde, Joinville dans la 3e. Je souligne dans la 1re colonne tous les mots qui disparaissent de la seconde : ces mots ne reparaissant jamais dans la troisième; on peut donc tenir pour certain que Joinville n'a pas consulté directement Geoffroy de Beaulieu.

Beaulieu, ch. XX (Dom Bouquet, XX p. 12).	Manuscrit français 2615, fol. 235 verso.	Joinville. Édition Wailly, Renouard, p. 249.
Sane in beneficiis ecclesiasticis conferendis, quæ ad *patronatum* sive *donationem* ipsius pertinebant, *Deum semper præ oculis habebat*, et electis et probatis personis ea quantum poterat conferebat; præcipue autem in ecclesiis cathedralibus, ubi sede vacante, ratione custodiæ regalis, ex consuetudine pertinebat ad eum collatio præbendarum. Quas personas inquiri et eligi faciebat per cancellarium Parisiensem, et alios viros *bonos, specialiter autem per fratres Prædicatores atque Minores. Atque clericos in memoriali suo scribi volebat, ut eisdem loco et tempore provideret. Nec prætermittendum, quod hanc consuetudinem observabat, quod* nulli, quantumcumque litterato *vel famoso*, aliquod beneficium ecclesiasticum possidenti conferret aliud	Quant li bons rois donoit aucun bénéfice qui apartenoit de sa collacion, il les donoit à son pooir à bones persones et esleues, *mesmement aus eglises cathédraus quant li siege estoient vague* de sa régale; il fesoit guerre bones persones *par le chancelier* de Paris ou par autres persones et leur donoit les provendes qui eschaoient, ne ne donoit li rois nul bénéfice de sainte Eglise à nul clere, *tant fut ben letres* qui tenist autre bénéfice, se il ne renibit avant celui qu'il tenoit ne il ne voult onques ottroier ne doner aucuns bénéfices, *se il n'ot aucun certain tesmoing que il fut vague.*	Quant aucuns bénéfices de sainte Eglise eschéoit au roy, avant que il le donnast, il se conseilloit à bones persones de religion et d'autres; et quant il s'estoit conseilliez il leur donnoit les bénéfices de Sainte Esglise en bonne foy, loialment et selonc Dieu. Ne il ne vouloit nul benefice donner à nul clerc, se il ne renonçoit aus autres benefices des esglises que il avoit.

ecclesiasticum, nisi prius beneficium *simpliciter* resignaret : vel beneficium non vacans omnino alicui concedere vel conferre nolebat, donec testimonium haberet et certitudinem quod vacaret. *Exultabat autem plurimum a Domino cor ejus, quando personæ magni testimonii ac excellentis famæ aliquod bonum beneficium conferebat.*

On le voit : non seulement le texte de Joinville ne représente pas directement celui de Beaulieu; mais il n'est pas même la reproduction textuelle de 2615. J'ai souligné tous les passages de 2615 qui n'ont pas été conservés dans Joinville.

III.

TRAVAUX A CONSULTER SUR LES ENSEIGNEMENTS DE SAINT LOUIS A SON FILS.

1°. Kervyn de Lettenhove, dans le *compte-rendu des séances de la Commission royale d'histoire*, 2° série, t. XI, 1858, p. 448.

2°. Paul Viollet. *Note sur le véritable texte des instructions de saint Louis à sa fille Isabelle et à son fils Philippe-le-Hardi*, dans *Bibliothèque de l'Ecole des chartes*, VI° série, t. V, 1869, p. 129-148.

3°. R. P. Cros, *Vie intime de saint Louis.* Toulouse, 1872, 1° partie.

4°. Natalis de Wailly, *Joinville et les enseignements de saint Louis à son fils.* Paris, Renouard, 1872 (*Extrait de la Bibliothèque de l'Ecole des chartes*, tome XXXIII).

5°. R. P. Cros. *Les vrais enseignements du roi saint Louis à son fils.* Toulouse et Paris. 1873.

Nogent-le-Rotrou, imprimerie de A. Gouverneur.

www.ingramcontent.com/pod-product-compliance
Ingram Content Group UK Ltd.
Pitfield, Milton Keynes, MK11 3LW, UK
UKHW021704130726
13696UKWH00004B/1639